AKAL BÁSICA

Clásicos del p

Maqueta de portada: Sergio Ramírez
Diseño interior y cubierta: RAG

Reservados todos los derechos. De acuerdo a lo dispuesto en
el art. 270 del Código Penal, podrán ser castigados con penas
de multa y privación de libertad quienes sin la preceptiva autorización
reproduzcan, plagien, distribuyan o comuniquen públicamente, en todo o en parte,
una obra literaria, artística o científica, fijada en cualquier tipo de soporte.

Título original
Socialreform oder Revolution

1.ª reimpresión, 2016
2.ª reimpresión, 2017
3.ª reimpresión, 2019

© Por cesión de Akal Editor, 1978

© Ediciones Akal, S. A., 2015
Sector Foresta, 1
28760 Tres Cantos
Madrid - España
Tel.: 918 061 996
Fax: 918 044 028
www.akal.com

ISBN: 978-84-460-4129-0
Depósito legal: M-146-2015

Impreso en España

Rosa Luxemburgo

Reforma o revolución

ARGENTINA / ESPAÑA / MÉXICO

Introducción de la autora

Quizá el título de la presente obra sorprenda de primera intención. *¿Reforma o revolución?* ¿Es que la socialdemocracia puede estar enfrente de una reforma social? ¿O puede oponer a la reforma social la revolución, la transformación del orden existente, aquello que constituye su último objetivo?

Desde luego, no. Para la socialdemocracia, la lucha práctica, cotidiana, que tiende a alcanzar una reforma social, a mejorar, aun dentro de lo existente, la situación del pueblo trabajador, a conseguir instituciones democráticas, esta lucha constituye, más bien, el único camino por donde el proletariado ha de llevar su lucha de clases, por donde ha de arribar a su último objetivo, a la conquista del poder político, a la abolición del sistema de salario. Para la socialdemocracia, la reforma social y la revolución social forman un todo inseparable, por cuanto, según su opinión, el camino ha de ser la lucha por la reforma, y la revolución social, el fin.

Solamente encontramos una oposición entre ambos momentos del movimiento, en la teoría de Eduard Bernstein, que queda expuesta en sus artículos «Problemas del socialismo», publicados en la *Neue Zeit,* en los años 1897 y 1898, y, muy especialmente, en su libro *Las premisas del socialismo y las tareas de la socialdemocracia*. Prácticamente, toda su teoría se reduce a aconsejar el abandono del objetivo final de la socialdemocracia, la revolución social, y convertir el movimiento de reforma, de un medio que es, en el fin de la lucha de clases. El mismo Bernstein ha concretado maravillosamente sus puntos de vista en la frase: «Para mí, el fin, sea cual sea, no es nada; el movimiento lo es todo».

Pero como quiera que el objetivo final es precisamente lo único concreto que establece diferencia entre el movimiento socialdemócrata, por un lado, y la democracia burguesa y el radicalismo burgués, por otro; y como ello es lo que hace que todo el movimiento obrero, de una cómoda tarea de remendón encaminada a la salvación del orden capitalista, se convierta en una lucha de clases contra este orden, buscando la anulación de este orden, tenemos, pues, que este dilema de «¿Reforma o revolución?», es, al mismo tiempo, para la socialdemocracia, el de «ser o no ser». Al discutir con Bernstein y sus partidarios, no se trata, en último extremo, de esta o de aquella manera de luchar, de esta o de aquella táctica, sino de la vida toda del movimiento socialdemócrata.

Y reconocerlo así es doblemente importante para los trabajadores, porque se trata justamente de ellos mismos y de su influencia en el movimiento en general; porque son sus barbas las que se van a pelar. La corriente oportunista, teóricamente formulada por Bernstein, no es otra cosa que una oculta tendencia a asegurar en el partido la supremacía de los advenedizos elementos pequeñoburgueses, pretendiendo amoldar a sus espíritus la práctica y los fines del partido. La cuestión de reforma social o revolución, de movimiento y de objetivo final, es, por otra parte, la conservación del carácter pequeñoburgués o proletario en el movimiento obrero.

Rosa Luxemburgo

Primera parte

N. del T.: El presente folleto lo constituyen dos series de artículos que Rosa Luxemburgo escribió combatiendo las teorías revisionistas expuestas por Bernstein en la revista socialista *Die Neue Zeit [La Nueva Era],* en los años 1896, 1897 y 1898, bajo el título general de «Problemas del socialismo», y en su libro *Las premisas del socialismo y la misión de la socialdemocracia.* Los artículos de Rosa Luxemburgo, que constituyen esta primera parte, son la refutación de los periodísticos de Bernstein antes citados. En ellos, Bernstein combatía una delimitación demasiado rigurosa entre las clases sociales y una diferenciación absoluta entre la sociedad capitalista y la socialista, creyendo en la posibilidad de un Estado por encima de las clases. Luego, negó las ventajas de una lucha política por parte de la clase obrera, creyendo que la simple escaramuza cotidiana por mejoras económicas había de traer automáticamente la anhelada socialización; es decir, propugnaba el abandono del objetivo final socialista, la conquista del poder político por el proletariado, ya que lo consideraba sin objeto. De ahí su afirmación de que para él el fin no importaba nada y el movimiento lo era todo.

I

El método oportunista

Si en el humano cerebro las teorías son reflejos de los fenómenos del mundo exterior, debemos también añadir, en vista de las expuestas por Eduard Bernstein, que estos reflejos dan, a veces, las imágenes invertidas. ¡Una teoría de la implantación del socialismo por medio de reformas sociales! ¡Y esto después del último sueño de la socialreforma alemana; de los sindicatos controlando el proceso de producción; después del fracaso de los metalúrgicos ingleses; del de una mayoría parlamentaria socialdemócrata; después de la revisión constitucional sajona y de los atentados al sufragio universal! Pero el centro de gravedad de las lucubraciones bernsteinianas no está, a nuestro modo de ver, en sus opiniones sobre los cometidos prácticos de la socialdemocracia, sino en aquello que dice sobre el curso del movimiento objetivo de la sociedad capitalista, con lo cual están, desde luego, sus opiniones en la relación más estrecha.

Según Bernstein, un derrumbamiento general del capitalismo será cada vez más imposible, dado su desenvolvimiento; porque el sistema capitalista va mostrando, por un lado, una mayor facultad de adaptación, y por el otro, la producción se va diferenciando más y más. También Bernstein afirma que esta virtud de adaptación capitalista se manifiesta, primero, en la desaparición de las *crisis* generales; debido al desenvolvimiento del sistema de crédito, al de las asociaciones de empresas y al del tráfico, así como a un mejor servicio de información; luego, en una mayor consistencia, en la clase media, como consecuencia de esa continua diferenciación en las ramas de producción, así como en el acceso, a esta clase, de amplias capas proletarias, y, por último, en una mayor elevación política y económica de la situación del proletariado, como consecuencia de su lucha en todo el mundo.

De ello resulta, para la lucha práctica de la socialdemocracia, la advertencia general de que su actividad no ha de encaminarse hacia la toma del poder político del Estado, sino a elevar la situación de la clase trabajadora y a implantar el socialismo, y ello, no por una crisis política y social, sino por una ampliación progresiva del control social y por un gradual cumplimiento del principio cooperativista.

Poca novedad ve Bernstein en sus propias afirmaciones, y hasta piensa que se hallan conformes, tanto con ciertas manifestaciones de Marx y Engels como con la general tendencia que hasta ahora primó en la socialdemocracia. A nuestro juicio, fácil será demostrar que la concepción de Bernstein está realmente en fundamental contradicción con el modo de discurrir del socialismo científico.

Si la revisión bernsteiniana se limitara a decir que el curso del desenvolvimiento capitalista es mucho más lento de lo que se acostumbra a suponer, ello implicaría únicamente una demora, por parte del proletariado, en la hasta ahora supuesta conquista del poder y, a lo más, en la práctica, un compás más lento de lucha. Pero no se trata de eso. Lo que Bernstein pone en duda no es la rapidez en el luchar, sino el propio curso evolutivo de la sociedad capitalista, y, por tanto, el paso a un orden socialista.

Si la teoría socialista existente consideró siempre que el punto de arranque de la revolución socialista sería una crisis general y destructora, a nuestro modo de pensar, hay que distinguir dos casos: el pensamiento base que encierra y su forma externa. El pensamiento consiste en aceptar que el orden capitalista se desquiciará por la fuerza de sus propias contradicciones y alumbrará por sí mismo el momento del derrumbe, el de su imposibilidad de subsistir. Había, ciertamente, razones de peso para suponer que este momento lo marcaría una crisis del comercio; por ello, para la idea básica, es, sin embargo, secundario e inesencial. Las bases científicas del socialismo descansan, principalmente y en forma harto conocida, en tres resultados del desarrollo capitalista, que son: el primero y principal, la anarquía creciente de su economía, lo cual le lleva a un declinar irremediable; el segundo, en la progresiva socialización del proceso de producción, que marca los comienzos positivos del régimen social futuro, y el tercero, en la mayor coincidencia de clase del proletariado y en su organización creciente, factor activo en la revolución que se avecina.

Es del primero de los llamados pilares básicos del socialismo científico del que Bernstein hace caso omiso. Afirma, principalmente, que el desarrollo capitalista no camina hacia un *crac* económico de carácter general. Mas con ello no rechaza solamente la forma que ha de adoptar la decadencia capitalista, sino la decadencia misma. Y expresamente afirma, en la *Neue Zeit*: «Ahora bien; pudiera objetarse que, cuando se habla de un derrumbamiento de la sociedad actual, se piensa más bien en una crisis comercial generalizada y superior a las precedentes, es decir, en un hundimiento del sistema capitalista debido a sus propias contradicciones». Y a esto responde luego Bernstein: «Dado el desenvolvimiento actual de la sociedad, un derrumbamiento próximo del sistema de producción capitalista no se hace más verosímil, sino más inverosímil, por cuanto este sistema eleva, por un lado, su virtud de adaptación, y por otro –y al propio tiempo–, aumenta la variedad de su industria».

Pero entonces surge el problema principal: ¿Cómo y por qué razón es posible llegar al objetivo final de todos nuestros esfuerzos? Desde el punto de vista del socialismo científico, se aprecia la necesidad histórica de la transformación social, debido, ante todo, a la anarquía creciente del sistema capitalista, que le arrastra a un callejón sin salida. Pero, con todo, supongamos, como Bernstein, que el desarrollo capitalista no camina hacia su ocaso. Entonces el socialismo dejará de *ser necesario objetivamente.* De las piedras angulares de su construcción científica solo quedarán los otros dos resultados del sistema capitalista: el proceso socializante de la producción y la mayor conciencia de clase del proletariado. Bien pensó Bernstein en ello cuando proseguía: «El ideario socialista no perderá nada de su fuerza convincente si abandona la teoría del derrumbamiento. Pues, bien mirado, ¿qué son en sí los factores, ya enumerados, que han de eliminar o modificar las antiguas crisis? Preliminares condiciones simultáneas y, en parte, hasta comienzos de la socialización de la producción y del cambio».

Sin embargo, bastará una leve consideración para demostrar que lo que dice es un sofisma. ¿En qué estriba la importancia de los síntomas considerados por Bernstein como medios capitalistas de adaptación, es decir, los cárteles, el crédito, el perfeccionamiento de los transportes, la mayor elevación de la clase obrera, etc.? Al parecer, en que eliminan las contradicciones internas del sistema capitalista, o, al menos, las disminuyen e impiden su agravación y desarrollo. Tendremos entonces que la desaparición de las crisis implicaría anular la contradicción que en el régimen capitalista se da entre producción y cambio; que la elevación de la clase trabajadora, ya como tal o ya como tránsfuga a las clases medias, significaría la aminoración del antagonismo entre capital y trabajo.

Si los cárteles, el crédito, los sindicatos, etc., eliminan las contradicciones capitalistas, es decir, salvan de la muerte a este sistema y conservan el capitalismo por lo que Bernstein les llama «medios de adaptación»–, ¿cómo pueden, al propio tiempo, representar otras tantas «condiciones previas y en parte hasta comienzos» del *socialismo*? Será en el sentido de que conducen a que el carácter social de la producción se acuse más fuertemente.

Mas si este carácter social ha de conservar su molde capitalista, ¿no resultará más innecesario cada vez el paso de esta producción socializada a la forma socialista? Podrán, sí, representar comienzos y condiciones preliminares del orden socialista; pero solamente en sentido abstracto, nunca en sentido histórico; es decir, serán hechos de los cuales, dada nuestra idea del socialismo, sabemos que están ligados con este, pero que realmente, no solo no acarrearán la transformación socialista, sino que más bien la harán innecesaria. Queda, pues, solamente y como fundamento del socialismo, la conciencia de clase del proletariado. Pero no en todos los casos esta es resultado de la simple repercusión espiritual de las contradicciones, cada vez más graves, del capitalismo ni de su futura decadencia –decadencia que han de impedir sus medios de adaptación–, sino un mero ideal cuya fuerza de convicción descansa en las perfecciones que le atribuimos.

En una palabra: lo que por este lado nos llega es una justificación «meramente intelectual» del programa socialista, o, dicho más brevemente, una ordenación idealista del mismo, pero que hace que desaparezca la necesidad objetiva, es decir, su justificación basada en el curso del desenvolvimiento social y material de la sociedad.

La teoría socialista se encuentra ante un dilema: o la revolución socialista solo se concibe como resultado de las contradicciones internas del orden capitalista, contradicciones que aumentan al desarrollarse este, haciendo del derrumbamiento algo inevitable, no importando el momento y forma en que se presente, pero que convierte en inútiles los medios de adaptación, siendo, por tanto, justa la teoría del derrumbamiento, o, por el contrario, esos medios de adaptación son capaces de evitar el hundimiento capitalista y de anular sus contradicciones, claro que cesando entonces el socialismo de ser una necesidad histórica, pudiendo ser luego todo lo que quiera, pero nunca el resultado del desarrollo material de la sociedad.

Este dilema nos presenta a su vez otro: o el revisionismo tiene razón en cuanto al curso del desarrollo capitalista, siendo, por tanto, una utopía la transformación socialista de la sociedad, o el *socialismo* no es tal utopía, quedando entonces malparada la teoría de los «medios de adaptación». *That is the question*. Ese es el problema.

II

Adaptación del capitalismo

Según Bernstein, los más importantes medios de adaptación con que cuenta la economía capitalista, son: el crédito, la mejora de los medios de comunicación y la coalición de empresas.

Si empezamos por el *crédito,* veremos que este cumple múltiples funciones en la economía capitalista. Pero la más importante de ellas consiste, como es sabido, en aumentar la capacidad expansiva de la producción, en mediar y facilitar el cambio. Allí donde el capitalismo, con su oculta e ilimitada tendencia a expansionarse, tropieza con los muros de la propiedad privada; allí donde se ve encerrado en el estrecho círculo del capital privado, se presenta el crédito como el medio de salvar, en forma capitalista, estas limitaciones, fundiendo en uno solo muchos capitales particulares –sociedades por acciones– y permitiendo a un capitalista disponer de capital ajeno –crédito industrial–. Además, como crédito comercial, acelera el cambio de mercancías, es decir, aviva el retorno del capital a la producción, y perfecciona y cierra el ciclo del proceso de esta. Los efectos que estas dos funciones importantísimas del crédito ejercen sobre la formación de las crisis son fáciles de apreciar.

Si las crisis, como sabemos, se originan de la contradicción entre la capacidad y tendencia expansivas de la producción y la capacidad limitada del consumo, el crédito será justamente el medio más apropiado para poner en evidencia, tantas veces como sea necesario, esta contradicción. Ante todo, eleva la facultad expansiva de la producción de modo exorbitante, y constituye el oculto resorte que la mueve a rebasar continuamente los límites del mercado. Pero el crédito obra de dos maneras distintas. Si como factor en el proceso de la producción despertó la superproducción, razón de más para que, en su calidad de intermediario en el cambio de mercancías, destruya durante la crisis las fuerzas productoras que llamó a conjuro él mismo. Al primer síntoma de estacionamiento, el crédito se agarrota y deja al cambio entregado a su propia suerte, precisamente cuando más debe ayudarle, y donde todavía subsiste se muestra falto de fuerza y fin, restringiendo hasta el mínimo, además, durante las crisis, la capacidad de consumo.

Aparte de estos dos importantísimos resultados, el crédito interviene también bajo diversas formas en el origen de las crisis. No solo ofrece al capitalista el medio técnico de disponer de los capitales extraños, sino que, al propio tiempo, es el acicate que le empuja a un empleo audaz e imprudente de la propiedad privada, es decir, a temerarias especulaciones. Dada su falacia en el cambio de mercancías, no solo contribuye el crédito a la formación de las crisis, sino que facilita su presencia y amplitud, puesto que, teniendo como base real una pequeñísima cantidad de dinero en metálico, hace del cambio un mecanismo artificial y complicadísimo, dispuesto a pararse a la menor causa.

Así pues, tenemos que el crédito, lejos de ser un medio de eliminar estas crisis o al menos de mitigarlas, resulta, muy por el contrario; un especial y poderoso factor para la generación de estas. Y no puede ser de otro modo. Dicho en términos muy generales, la función específica del crédito no es otra que la de desterrar toda estabilidad en las relaciones capitalistas en general y producir la mayor elasticidad posible, haciendo de las fuerzas capitalistas algo dúctil, sensible y relativo. Resulta, pues, evidente que las crisis, que no son más que choques periódicos de las fuerzas contradictorias de la economía capitalista, se agudizan y multiplican con el crédito.

Pero, al propio tiempo, esto nos lleva a la otra cuestión: la de cómo el crédito puede, en general, presentarse como «medio de adaptación» del capitalismo. Sea cual fuere la relación y forma en que nos imaginemos la «adaptación» con ayuda del crédito, su única esencia consistirá, claramente, en que toda relación antagónica de la economía capitalista queda compensada, y cualquiera de sus contradicciones, desterrada o aplacada, concediendo así a las fuerzas oprimidas espacio libre sobre cualquier lugar.

Si en la actual economía capitalista existe algún medio para elevar al máximo sus contradicciones, es el crédito, y no otro. Aumenta la contradicción existente entre las *formas de producir y cambiar,* poniendo en máxima tensión la producción, pero restringiendo el cambio por la más pequeña causa. Eleva las contradicciones entre las *formas de producción y apropio,* puesto que separa producción y propiedad; transforma el carácter del capital, que pasa a ser social; pero, en cambio, una parte del beneficio toma la forma de renta del capital, es decir, que se convierte en un mero título de propiedad. Hace resaltar también la contradicción existente en las relaciones de producción y propiedad, al concentrar en pocas manos enormes fuerzas productoras por medio de la expropiación de muchos pequeños capitalistas. Aumenta la contradicción entre el carácter *social* de la producción y la *propiedad privada* capitalista, al hacer necesaria la intervención del Estado en la producción (sociedades por acciones).

En una palabra: el crédito reproduce todas las cardinales contradicciones del mundo capitalista. Las extrema y acorta el camino que ha de llevar al capitalismo a su fin, al derrumbamiento. En cuanto al crédito, el primer medio de «adaptación» a que debiera recurrir el capitalista sería el de *abolirlo,* restringirlo. Siendo el crédito como es hoy, no constituye un medio de adaptación, sino de destrucción; un medio de máxima eficacia revolucionaria. Sin embargo, este carácter revolucionario del crédito, de efectos superiores al mismo capitalismo, ha inducido a plantear reformas que se estimaron socialistas, e incluso ha hecho aparecer a grandes representantes del crédito, como *Isaac Péreire,* en Francia, mitad profetas y mitad pícaros, según Marx afirma.

Con tan escasa consistencia como el primero, se muestra luego de una más detenida observación, el segundo «medio de adaptación» de la producción capitalista: las *condiciones de empresas.* Según Bernstein, estas están llamadas a poner término a las crisis y a evitar la anarquía, regulando la producción.

El desarrollo de los trusts y cárteles es, a decir verdad, un fenómeno todavía no estudiado en sus múltiples efectos económicos. Esto constituye un problema que solo puede resolverse en manos de la teoría marxista. Pero hoy bien sabemos que no es posible hablar de dominar, por medio de los cárteles de empresas, la anarquía capitalista, en tanto que los cárteles, trusts, etc., no se inclinen hacia una forma general y socializada de producción. Mas esto es, justamente, lo que por su propia naturaleza niega el cártel.

El único fin económico, así como la actividad de estas asociaciones, consiste en operar sobre la masa de beneficios que se consigue en el mercado, desterrando para ello la competencia dentro de una rama de la industria, y elevando así la parte de esta masa de beneficios que hubiera cabido a dicha rama. La organización solo puede elevar la cuota de beneficios en una rama de la industria y a costa de las otras ramas, por lo cual este aumento no puede ser general en modo alguno. Extendida la organización a todas las ramas más importantes de la producción, ella misma destruiría su propia virtud.

Pero también en el terreno de su aplicación práctica, las coaliciones de empresas producen efectos contrarios a la desaparición de la anarquía industrial. Por regla general, los cárteles consiguen en el mercado interior la indicada elevación de la cuota de beneficios, si aquellas porciones de capital excedentes que no pueden emplearse en las necesidades interiores, son invertidas en el extranjero con una cuota de beneficio mucho más baja, es decir, si venden sus mercancías en el exterior a precio mucho

Primera parte. Adaptación del capitalismo

más bajo que en el propio país. El resultado de esto es una mayor competencia en el extranjero, una mayor anarquía en el mercado mundial, justamente lo contrario de aquello que se pretendió alcanzar. Un ejemplo de ello lo ofrece la historia internacional de la industria azucarera.

En fin, siendo las coaliciones de empresas una de las formas que adopta la producción capitalista, no pueden ser concedidas sino como un determinado tránsito, un estadio más en el desenvolvimiento capitalista. Y así resulta, en efecto. Pues, en último extremo, los cárteles son el medio más apropiado para contrarrestar, en la forma capitalista de la producción, la baja fatal de la cuota de beneficio que corresponde a cada rama de la industria.

Pero, ¿cuál es el método que usan los cárteles para este fin? No otro, en el fondo, que la retirada de una parte del capital acumulado; es decir, el mismo método que, en forma distinta, se suele emplear en las crisis. Pero tal remedio se parece a la enfermedad como un huevo a otro huevo, y solo puede considerarse como mal menor hasta un determinado momento. Saturado y exhausto el mercado mundial por los países capitalistas concurrentes –y la llegada más o menos tardía de este momento no puede ser negada–, la venta empezará a restringirse y la retirada parcial y obligada del capital toma entonces tales proporciones, que la medicina se convierte en ayuda de la enfermedad, y el capital que la organización socializó ya retorna fuertemente a su carácter privado... Ante las escasas posibilidades de hallar para sí un puesto en el mercado, cada porción privada de capital prefiere probar suerte por sí misma. Las organizaciones estallan como pompas de jabón, dando lugar a una libre competencia mucho más terrible[1].

---

[1] En una nota al tercer volumen de *El capital* escribía Friedrich Engels, en 1894: «Ya se dijo en el primer volumen (aparecido en 1865) que la concurrencia se ha agudizado debido al rápido desarrollo de la industria en todos los países cultos, especialmente en América y Alemania. Las modernas fuerzas productivas que se desarrollan en forma rápida y gigantesca tienden en todo

Así pues, cárteles y crédito se presentan como fases determinadas de desenvolvimiento que, en último extremo, aumentan aún más la anarquía del mundo capitalista, produciendo y dando madurez a sus contradicciones internas. Al llevar al máximo la lucha entre productores y consumidores, agravan la contradicción entre las formas de producir y cambiar, como ya hemos visto en los Estados Unidos de América. Al oponer a los obreros la omnipotencia del capital organizado, agudizan, además, la contradicción entre las maneras de producción y apropiación, elevando al máximo las contradicciones entre capital y trabajo.

Extreman, en fin, la contradicción entre el carácter internacional de la economía capitalista y el carácter nacional del Estado capitalista. Teniendo como síntoma acompañante una guerra general de tarifas llevando al máximo las divergencias que surgen entre los Estados capitalistas independientes. A esto hay que añadir el efecto directo y altamente revolucionario de los cárteles sobre la concentración de los productos, perfeccionamiento técnico, etcétera.

Además, los cárteles y trusts se presentan, dado el efecto que al fin producen sobre la economía capitalista, no como un «medio de adaptación» que ha de limar sus contradicciones, sino justamente como instrumentos que ellos mismos han creado

---

momento a desbordar las leyes del cambio de mercancías capitalistas, leyes por las que ha de regularse este cambio, constituyendo un verdadero problema para los capitalistas conscientes. Ello se manifiesta en dos síntomas. En primer lugar, en la manía proteccionista, que se diferencia de la vieja política arancelaria, especialmente en que tiende a proteger los artículos susceptibles de exportación. Y en segundo lugar, en los cárteles de los fabricantes, que aparcan amplias esferas de la producción, tendiendo a regular esta y, por lo tanto, a influir sobre el beneficio y los precios. Es comprensible que estos experimentos solo sean posibles en épocas económicamente favorables. Pero a la primera tormenta cada asociado busca refugio para sí individualmente, demostrándose con ello que, aun cuando la producción necesita ser regulada, no es, de seguro, la clase capitalista la llamada a establecerla. Hoy por hoy, estos cárteles tienen un único fin: procurar que los grandes fabricantes devoren, con la mayor facilidad y rapidez, a los pequeños».

para aumentar la anarquía, para dirimir sus propias contradicciones internas, para apresurar su decadencia.

Pero si el crédito, los cárteles, etc., no pueden dominar la anarquía económica del capitalismo, ¿cómo es posible que durante los decenios –desde 1873– no se haya registrado ninguna crisis comercial? ¿Será ello una señal de que el sistema capitalista, su forma de producir, se «adapta» realmente –al menos en lo general– a las necesidades de la sociedad, habiendo superado el análisis que del sistema hizo Marx?

A la pregunta sigue la respuesta inmediatamente. No bien hubo Bernstein desechado como chatarra la teoría marxista de las crisis, cuando, en el año 1900, se presentó una con carácter violento, y, siete años más tarde, otra que, originándose en los Estados Unidos, repercutió sobre el mercado mundial. Y fue así, por hechos que hablaban bien claro, como quedó aniquilada teoría de «la adaptación». Con ello se demostró, al propio tiempo, que aquellos que habían abandonado la teoría marxista de las crisis sin más razón que la de haber fallado en dos de los «plazos presupuestos», confundían lo que era el alma de la teoría con un detalle externo y superficial, con los ciclos de diez años. Pero señalar el periodo de diez años como fórmula temporal en la circulación capitalista moderna, fue, en Marx y Engels, en los años sesenta y setenta, una simple comprobación de hechos, los cuales no descansaban por si sobre ley natural alguna, sino sobre una serie de determinadas circunstancias históricas que aparecían ligadas con la expansión, a saltos, de la esfera de actividad del joven capitalismo.

En efecto: la crisis de 1825 fue un resultado de las grandes obras de carreteras, canales y gasificación, que habían tenido lugar en el decenio anterior, especialmente en Inglaterra, donde se desarrolló esta crisis. La crisis siguiente de 1836 a 1839 fue, igualmente, el resultado de colosales inversiones de capital en la construcción de nuevos medios de transporte. La crisis de 1847 fue ocasionada, como se sabe, por las febriles construcciones ferroviarias hechas en Inglaterra (de 1844 a 1847, es decir, en solo tres años, se otorgaron concesiones de ferrocarriles por valor de unos ¡mil quinientos millones de táleros!). En los tres casos citados vemos, pues, que las crisis son, bajo formas diversas, el séquito de una nueva constitución de la economía capitalista, del establecimiento de nuevas bases para el desarrollo de la misma. La crisis del año 1857 coincidió con la apertura de nuevos mercados en América y Australia para la industria europea, como consecuencia del descubrimiento de las minas de oro; en Francia se debió esta crisis, especialmente, a las construcciones ferroviarias, en lo cual este país siguió las huellas de Inglaterra (desde 1852 a 1856 se construyeron, en Francia, ferrocarriles por valor de mil doscientos cincuenta millones de francos). Finalmente, la gran crisis de 1873 fue, como se sabe, una consecuencia directa de la nueva constitución económica, de la ofensiva de la gran industria en Alemania y Austria, que siguió a los acontecimientos políticos de 1866 y 1871.

En todo momento fue, pues, el rápido *crecimiento* de los dominios económicos del capitalismo lo que hasta ahora dio motivo a las crisis comerciales. La repetición de estas crisis internacionales con una precisión de diez años es, sí, un fenómeno completamente externo y casual. El esquema que sobre la formación de las mismas trazó Engels en el *Anti-Dühring,* y Marx en el primero y tercer libros de *El capital* es aplicable a todas las crisis en general, por cuanto descubre su *mecanismo interno* y sus *causas comunes* y profundas, no importando que estas crisis se repitan cada diez o cada cinco años, o cada veinte o cada ocho.

Pero, en cambio, la teoría de Bernstein es ineficaz del todo, y se demuestra precisamente en que la crisis última, la de 1907 a 1908, donde se manifestó con una mayor violencia fue, justamente, en aquel país en que los famosos «medios de adaptación», como el crédito, los trusts y los transportes, habían llegado a su máxima perfección.

En general, la creencia de que la producción capitalista puede «adaptarse» al cambio, supone una de estas dos cosas; o que el mercado mundial es ilimitado y crece hasta lo infinito o que,

Primera parte. Adaptación del capitalismo 23

por el contrario, las fuerzas de producción se detienen en su crecimiento para no saltar sobre los límites del mercado. Lo primero es una imposibilidad física; a lo segundo se opone el hecho de que continuamente se verifican revoluciones técnicas en todos los aspectos de la producción, despertándose cada día nuevas fuerzas productoras.

Según Bernstein, existe, además, un hecho que niega el curso señalado a los asuntos capitalistas: «la falange casi inconmovible» de la industria media, a la cual nos remite. Lo toma por manifestación de que el desarrollo de la gran industria no obra en forma tan revolucionaria y concentradora como cabía esperar, dada la «teoría del derrumbamiento». Sin embargo, sería en realidad una manera falsa de concebir el desarrollo de la gran industria si esperásemos que la industria media ha de desaparecer paulatinamente de la superficie.

Los pequeños capitales, según la tesis de Marx, juegan en el curso general del desarrollo capitalista precisamente el papel de «pioniers» de la revolución técnica, y ciertamente en un doble sentido, tanto en relación con los nuevos métodos aplicados a ramas de la producción anticuadas, pero fuertemente arraigadas, como también respecto a la creación de nuevas ramas todavía no explotadas por los grandes capitales. Perfectamente falso es el criterio de que la historia de la industria media ha de llevar una recta siempre descendente, hasta su total decadencia.

El curso real del desenvolvimiento es, más bien, simplemente dialéctico, y se mueve continuamente entre contradicciones. Al igual que la clase obrera, la clase media capitalista se encuentra bajo la influencia de dos tendencias contrapuestas: una, que la eleva, y otra, que la oprime. Esta tendencia opresora es, en ciertos casos, el alza continua de la escala de producción, la cual periódicamente desvasta los dominios del capital medio, descartándolo y eliminándolo una y otra vez de la competencia. En cambio, la tendencia elevadora es la desvalorización periódica del capital ya empleado, que motiva que la escala de la producción, según el *valor* del capital mínimo necesario, descienda continuamente y durante cierto tiempo, ocasionando también la entrada de la producción capitalista en nuevas esferas productivas. La lucha de la industria media con el gran capital no debe considerarse como una batalla formal en que las tropas de la parte más débil quedan diezmadas cada vez más, sino como una siega periódica de los pequeños capitales, que no cesan de brotar para ser de nuevo seccionados por la guadaña de la gran industria.

De estas dos tendencias, que juegan arrojándose la pelota de la clase media capitalista, triunfa en primera línea –en oposición al desarrollo de las clases medias trabajadoras– la tendencia *oprimente*–. Pero esto no necesita, en modo alguno, manifestarse en la mengua numérica y absoluta de la industria media, sino, en primer lugar, en el capital mínimo, mayor cada vez, que se necesita para mantener en vida las industrias pertenecientes a ramas antiguas, y, en segundo lugar, en el periodo cada vez más corto de que disponen los pequeños capitales para gozar libres de la explotación de nuevas ramas. De ello resulta, para el pequeño capital *individual*, un plazo de vida cada vez más corto y un cambio cada vez más rápido de los métodos de producción y de las formas de invertir el capital, y para la clase en general, un metabolismo social más y más acelerado.

Esto último lo conoce bien Bernstein, e incluso lo afirma. Pero lo que parece olvidar es que con ello queda dada la propia ley de movimiento de la industria media. Si los pequeños capitales son, pues, la vanguardia del progreso técnico y el progreso técnico es la pulsación vital de la economía capitalista, tendremos claramente que los pequeños capitales constituyen un fenómeno inseparable del desarrollo capitalista y que solo con este podrá desaparecer. La desaparición gradual de la industria media –en el sentido de la estadística simple y absoluta, con la cual opera Bernstein– significaría, no el curso del desarrollo revolucionario del capitalismo, como opina Bernstein, sino justamente lo contrario: su estancamiento, su adormecimiento. «La cuota de beneficio, es decir, el crecimiento proporcional del capital, es, ante todo, importante para todo nuevo brote capitalista agrupado autónomamente. Y tan pronto como la formación de capitales cae exclusivamente en manos de unos cuantos grandes capitales ya formados, entonces el fuego vivificante de la producción queda apagado. Entra en un profundo sueño.» (K. Marx, *El capital*, tomo III.)

III

Implantación del socialismo por medio de las reformas sociales

Bernstein desecha la «teoría del derrumbamiento» o catastrófica como el camino histórico que ha de llevar a la realización de un mundo socialista. ¿Cuál será entonces la ruta que, desde el punto de vista de la «teoría de adaptación del capitalismo», puede llevarnos a esa socialización? Bernstein no ha hecho más que insinuar la contestación a esta pregunta, y el intento de explicarla al detalle, en el sentido en que él lo hubiera hecho, le ha correspondido a *Konrad Schmidt*[2]. Según este, «las luchas políticas y sindicales en pro de reformas de carácter social posibilitarían un control social, cada vez más amplio, sobre las condiciones de producción», y por medio de leyes «se limitarían los derechos de la propiedad capitalista, convirtiendo a esta poco a poco en simple administradora», hasta que, finalmente, «el ya maduro y baqueteado capitalista ve disminuir para sí el valor de su propiedad, una vez apartado de la dirección y administración de su empresa», que se convierte finalmente en empresa social.

---

[2] *Vorwärts,* 20 de febrero de 1898. Sección literaria. Podemos considerar las ideas de Konrad Schmidt en consonancia con las de Bernstein, por cuanto este no puso objeción alguna a los comentarios que aquel publicó en el *Vorwärts.*

Tenemos, pues que los sindicatos, las reformas sociales y, aun más —como afirma Bernstein—, la democratización política del Estado, han de ser los medios para la gradual implantación del socialismo.

Empezando por los sindicatos, vemos que su función más importante —y nadie ha demostrado esto mejor que Bernstein en la *Neue Zeit*— consiste en posibilitar a los obreros el medio de hacer respetar en toda su validez la ley capitalista del salario; esto es, en conseguir que la venta de la fuerza de trabajo se cotice al precio mayor que las circunstancias del mercado consientan. El verdadero servicio que los sindicatos hacen al proletariado es permitirles aprovechar todas las posibilidades que el mercado ofrezca en determinado momento. Siendo, por un lado, la demanda de la fuerza de trabajo consecuencia de una situación más o menos próspera de la producción; determinando, por otro, la proletarización de las clases medias y la natural propagación de la clase obrera, la mayor o menor oferta de trabajo, y siendo, por último, variable el grado de productividad de la fuerza de trabajo, vemos que las posibilidades que el mercado puede ofrecer son circunstancias que escapan, por sus orígenes a la esfera de influencia de los sindicatos. Por ello no les será nunca posible derrocar la ley del salario, pudiendo, en el mejor de los casos, reducir la explotación capitalista a los límites que en un momento dado *se* consideran *normales;* pero de ninguna manera estarán en condiciones de anular, ni aun gradualmente, la explotación.

Bien es verdad que Konrad Schmidt llama al actual movimiento sindical «leves estadios iniciales»; prometiéndose para el futuro que «los sindicatos conseguirán una influencia mayor en la regularización de la producción». Esta regularización se puede entender de dos modos: bien como intervención en el aspecto técnico del proceso de producción, o ya como determinación del volumen mismo de la producción. ¿De qué naturaleza puede ser esa influencia sindical en cada uno de estos dos aspectos?

Es cierto que, en lo que a la técnica de la producción importa, el interés del capitalista coincide en ciertos límites con el progreso

Primera parte. Implantación del socialismo por medio de las relaciones sociales 29

y el desarrollo de la economía capitalista. La propia necesidad es la que le obliga a implantar mejoras técnicas. La postura de cada trabajador por sí con respecto a estos progresos ha de ser, por el contrario, completamente adversa, puesto que toda revolución técnica ataca a los intereses del obrero afectado directamente por la mejora, y empeora su situación inmediata al desvalorizar la fuerza de trabajo y hacer la tarea más monótona, intensiva y torturante.

Si el sindicato logra influir en el progreso técnico de la producción, lo hará en sentido negativo, es decir, obrando como si fuera un grupo particular de trabajadores afectados directamente, y oponiéndose, por tanto, a todo perfeccionamiento. Pero en este caso el sindicato no actúa en interés de la clase trabajadora en general y de la emancipación de esta –interés que más bien coincide con el progreso, es decir, con el interés de los capitalistas particulares–, sino justamente en oposición a toda renovación y en sentido reaccionario. Y digo reaccionario porque esta tendencia a influir en el aspecto técnico de la producción no pertenece al futuro –como pretende Schmidt–, sino al pasado del movimiento sindical. Esta tendencia intervencionista caracteriza la fase más antigua del tradeunionismo inglés (hasta el año 1860), cuando todavía conservaba restos de tradiciones gremiales de origen medieval, cuya fuente hay que buscar en el anticuado principio del «derecho adquirido al trabajo conveniente»[3].

La tendencia de los sindicatos a determinar el volumen de la producción y el precio de la mercancía, es, por el contrario, un fenómeno de fecha muy reciente. Solo en tiempos muy modernos –y también en Inglaterra– se aprecian intentos de este orden[4]. Pero estos esfuerzos son, dado su carácter y tendencia, perfectamente equivalentes a aquellos. Pues al participar activamente el sindicato en la determinación de los precios y volumen de la producción de mercancías, ¿qué otra cosa hace sino formar un cártel de trabajadores y empresarios en contra de los consu-

---

[3] Webb, *Teoría y práctica del movimiento obrero británico*, t. II, pp. 100 y ss.
[4] Webb, *Ibid.*, t. II, pp. 115 y ss.

midores, haciendo uso, en su lucha contra los empresarios competidores, de medidas que no ceden en nada a los métodos de las legales coaliciones de empresas? Al fin y al cabo, esto ya no es una lucha entre capital y trabajo, sino una lucha solidaria de capital y trabajo contra la sociedad consumidora. Según su valoración social, esto es un principio reaccionario que, por serlo, no puede ya constituir etapa alguna en la lucha de emancipación que lleva el proletariado, puesto que más bien representa lo más contrario a una lucha de clases. Según su valor práctico, es también una utopía que nunca podrá extenderse a ramas de mayor importancia y que concurran en el mercado mundial, como puede apreciarse después de una pequeña reflexión.

La actividad de los sindicatos se limita, pues, en lo general, a la lucha de salarios y a la disminución del tiempo de trabajo, es decir, a regular simplemente la explotación capitalista dentro de las condiciones del mercado. En cambio, la naturaleza de las cosas les impide influir abiertamente en el proceso de la producción. Aun más: incluso toda la marcha del desarrollo sindical se realiza en sentido completamente opuesto; en el sentido –como también acepta Konrad Schmidt– de liberarse completamente del mercado de trabajo, de romper toda relación inmediata con el resto del mercado de productos. Y su mejor característica es el hecho de que hasta la tendencia a poner en relación inmediata, siquiera *pasivamente,* el contrato de trabajo con el estado general de la producción por medio del sistema de las llamadas listas oscilativas de salarios, ha sido rebasado por el desarrollo mismo, apartándose de ellas las *tradeunions* cada vez más. (Webb, *op. cit.*)

Pero ni aun dentro de su influencia efectiva, el movimiento sindical lleva la marcha que supone la teoría de la adaptación del capital, que afirma que el progreso sindical no reconocerá límites. Muy al contrario, si abarcamos grandes sectores del desarrollo social habremos de reconocer el hecho de que, en general, no son épocas de triunfo las que en el desarrollo de nuestras fuerzas se vislumbran, sino de dificultades cada vez mayores para el movimiento obrero.

Si el desarrollo de la industria ha alcanzado ya su punto máximo y empieza, por tanto, el «declive» capitalista en el mercado mundial; si tiende a *bajar la cuesta,* la lucha sindical será entonces doblemente difícil: primero, porque se empeoran las posibilidades objetivas que el mercado ofrezca a la fuerza de trabajo, puesto que la demanda será más lenta y la oferta más rápida, como actualmente ya ocurre, y segundo, porque el capital, para resarcirse de las pérdidas, nos discutirá cada vez con más encono la porción del producto correspondiente a la mano de obra. No en balde la reducción de salario es uno de los más importantes medios para detener la caída de la cuota de beneficios. (K. Marx, *El capital*, tomo III.) Inglaterra nos ofrece ya la imagen de lo que será el segundo estadio del movimiento sindical. Los sindicatos se ven obligados, por la necesidad, a limitarse simplemente a defender lo ya conseguido, y ello a fuerza de luchar en condiciones cada vez más desventajosas. Como vemos, el curso de los acontecimientos es justamente el menos favorable para una lucha de clase *política* y social.

Debido a una apreciación falsa de la perspectiva histórica, Schmidt comete el mismo error con respecto a las *reformas sociales,* de las cuales espera que «del brazo de las asociaciones obreras impongan a la clase capitalista las condiciones únicas en que pueda emplearse la fuerza de trabajo». El interpretar así el sentido de la reforma social lleva a Bernstein a llamar a la ley de fábricas pieza de «control social», y como tal..., un trozo de socialismo. También Konrad Schmidt, cuando habla de la protección oficial de los trabajadores, llama a las reformas sociales en general «control social», convirtiendo a capricho el Estado en sociedad, y luego, al referirse a esta, añade con el mayor desparpajo: «Es decir, la clase trabajadora en auge», haciendo por esta operación de los inofensivos acuerdo sobre protección obrera dados por el Senado alemán medidas de tránsito al socialismo conseguidas por el proletariado germano.

La mixtificación se presenta bien a las claras. En el sentido de la «clase trabajadora en auge», el Estado actual no puede ser concebido como «sociedad», sino como representante de la sociedad *capitalista,* es decir, como Estado capitalista. Por ello, la reforma social con que manipula no es un producto del «control social», es decir, del control de la libre sociedad obrera sobre el proceso del trabajo, sino *el control de la organización de clase del capital sobre el proceso de producción capitalista.* En esto, es decir, en el interés del capital, las reformas sociales encontrarán asimismo sus límites naturales. Por esta razón, Bernstein y Konrad Schmidt solo aprecian en el presente «débiles estadios iniciales», prometiéndose para el futuro una progresión infinita en las reformas sociales a conseguir. Pero en ello cometen la misma falta que cuando aseguran un aumento ilimitado en la fuerza sindical.

La teoría de la implantación gradual del socialismo por medio de reformas sociales supone, desde luego –y *en esto radica su principal importancia*–, un determinado desenvolvimiento objetivo, tanto de la *propiedad* capitalista como del *Estado*. En relación a lo primero, Schmidt cree que, «en el futuro, los propietarios capitalistas se verán más y más reducidos al papel de administradores, debido a una limitación de sus derechos». Creyendo imposible una expropiación tan general como rápida de los medios de producción, Schmidt se forja una teoría de *expropiación progresiva.* Para ello, se imagina como condición preliminar y necesaria un fraccionamiento del derecho de propiedad en favor de una «superpropiedad», de mayor importancia cada vez, y que adjudica a la «sociedad», creando asimismo un derecho de usufructo que irá reduciéndose en manos de los capitalistas hasta quedar en la simple administración de sus empresas.

Ahora bien, o este edificio intelectual es un juego de palabras sin trascendencia ninguna –y entonces la teoría de la expropiación cae por los suelos–, o es un esquema de desarrollo jurídico seriamente pensado. El fraccionamiento de las distintas diferencias apreciables en el derecho de propiedad –argumento a que recurre Schmidt para su «gradual expropiación» del capital–, es la característica de la sociedad feudal con economía natural, sociedad en la cual la división del producto se efectuaba *in natura* entre las diversas sociedades y sobre la base de relaciones personales entre los señores feudales y sus siervos.

La descomposición de la propiedad en diversos derechos parciales fue consecuencia de hallarse organizada de antemano la división de la riqueza social. Con el tránsito a la producción de mercancías y la disolución de los lazos personales existentes entre todos los que aisladamente participaban en el proceso de producción, se afirmó, por el contrario, la relación entre personas y cosas; adivinó la propiedad privada. Al no realizarse la partición por medio de relaciones personales, sino valiéndose del *cambio,* las diversas pretensiones a participar en la riqueza social ya no se miden descomponiendo en partes el derecho de propiedad que existe sobre un objeto determinado, sino el que se tiene sobre el valor llevado al mercado por alguien.

La primera novedad en las relaciones jurídicas que acompañan a la aparición de la producción de mercancías en las comunas de las ciudades medievales, fue la formación de un derecho cerrado y absoluto en el seno de estas relaciones jurídicas a base de la partición de la propiedad. Pero en la producción capitalista continúa este desarrollo. A medida que el proceso de producción se socializa, más descansa sobre el cambio el proceso de división o reparto y cuando más cerrada e inasequible se hace la propiedad privada capitalista, tanto más esta propiedad se convierte, de un derecho al producto del propio trabajo, en un simple derecho de apropiación respecto al trabajo extraño. Mientras el capitalista dirige la fábrica, la división está todavía en cierto grado ligada a la participación personal en el proceso de producción. Pero a medida que la dirección personal del empresario se hace superflua —cosa que ocurre completamente en la sociedad por acciones—, la propiedad del capital, como título de pretensión al reparto, se separa absolutamente de toda relación personal con la producción, y aparece en su forma más cruda y rigurosa. En el capital por acciones y en el que sirve de crédito o préstamo industrial, el derecho capitalista de propiedad alcanza por vez primera su completa formación y desarrollo.

El esquema histórico del desarrollo del capitalismo o, como le llama Konrad Schmidt, el de «de propietario a simple administrador», se presenta, por tanto, como el real y verdadero desarrollo, solo que interpretado al revés y haciendo del que es propietario y administrador un simple propietario. A Konrad Schmidt le ocurre como a Goethe:

Lo que posee lo ve en la lejanía;
mas lo que pierde, eso sí que lo palpa.

Y como el esquema que él imagina para el futuro retrocede económicamente de las modernas sociedades anónimas a la manufactura e incluso al taller, parece no pretender otra cosa sino hacer entrar jurídicamente al mundo capitalista actual en el cascarón feudal de la economía natural.

También desde este punto de vista se presenta el «control social» bajo una faz distinta a la vista por Schmidt. Lo que hoy funciona como «control social» –protección al obrero, inspección sobre sociedad anónima, etc.– no tiene nada que ver con una participación en el derecho de propiedad, con esa «superpropiedad» que él inventa. *Este* control no actúa como *limitación* de la propiedad capitalista, sino, por el contrario, como su *protección*. O económicamente hablando, no constituye una *intervención* en la explotación capitalista, sino un sometimiento a normas, una ordenación de esta explotación. Y cuando Bernstein quiere adivinar la cantidad de socialismo que hay en una ley de fábricas, podemos asegurarle que, en la mejor ley de fábricas, cabe el mismo socialismo que en las disposiciones municipales sobre la limpieza de las calles y el alumbrado público, que también son, indudablemente, «control social».

IV

Militarismo y política aduanera

Fusión del Estado con la sociedad. He aquí la segunda posibilidad que admite Eduard Bernstein al tratar de la gradual implantación del socialismo. Que el actual Estado es un Estado de clase ha llegado a ser hoy lugar común por harto conocido. Sin embargo –y esta es nuestra opinión–, es un concepto este que, al igual que todo aquello que se refiere a la sociedad capitalista, no puede aceptarse como algo estable, de permanencia, sino más bien en estado de movimiento evolutivo.

Con el triunfo de la burguesía, el Estado se ha convertido en un Estado burgués. Ciertamente que el desarrollo mismo capitalista cambia esencialmente la naturaleza del Estado, ampliando, cada vez más, el radio de sus actividades y adjudicándole, sin cesar, nuevas funciones relacionadas principalmente con la vida económica, con lo cual hace más necesaria la intervención y el control estatal sobre la misma. En tanto, preparase lentamente la fusión futura de Estado y sociedad, es decir, la reversión a la sociedad de las funciones del Estado. Según esta tendencia, no será aventurado hablar de una transformación del Estado en sociedad, y es, sin duda, en este sentido, que Marx dice que la protección obrera es la primera intervención consciente de la sociedad en el proceso social de su propia vida, extremo este a que se remite Bernstein.

Mas, por otra parte, y debido a la misma evolución capitalista, se verifica otra transformación. En primer lugar, el Estado actual es una organización de la clase capitalista dominante. Si en interés del progreso social ha de tomar el Estado diversas funciones de interés general, lo hará únicamente tan y mientras los intereses y el desenvolvimiento social concuerden con los intereses de la clase dominante. La protección del trabajador, por ejemplo, es de un interés tan inmediato para los capitalistas como clase, como para la sociedad en general. Pero esta armonía de interés dura solo hasta un momento dado del desenvolvimiento capitalista.

Cuando el desarrollo ha alcanzado cierto grado, los intereses de la burguesía como clase y los del progreso económico empiezan a diverger. Creemos que esta fase ha sobrevenido ya, y que ello se manifiesta en los dos más importantes fenómenos de la vida social actual: el *militarismo* y la *política aduanera*. Ambos –tanto la política aduanera como el militarismo– han jugado en la historia del capitalismo un imprescindible papel, sí que también, y durante un tiempo dado, revolucionario y progresivo. Sin la protección aduanera, el nacimiento de la gran industria dentro de cada país hubiera sido tarea dificilísima. Pero hoy día no ocurre lo mismo. Ahora la protección aduanera no sirve para asegurar el desarrollo a las industrias nacientes, sino para conservar artificialmente formas anticuadas de la producción. Desde el punto de vista del *desarrollo* capitalista, es decir, desde el punto de vista de la economía mundial, hoy carece de importancia el hecho de que Inglaterra exporte más mercancías a Alemania, que Alemania a Inglaterra. Teniendo en cuenta el desarrollo industrial, «el moro ha cumplido su deber, y debiera irse». Debiera irse, sí.

En la actual interdependencia de las diferentes ramas de la industria, la protección aduanera sobre cualquier mercancía ha de encarecer, en el interior, la producción de otras, es decir, que ha de maniatar nuevamente a la industria. Pero no ocurre así desde el punto de vista de los intereses de la *clase capitalista*. Para

Primera parte. Militarismo y política aduanera

su *desenvolvimiento,* la industria no necesita de la protección aduanera, pero sí el capitalista para asegurar su venta. Eso significa que las aduanas ya no sirven para proteger una producción capitalista incipiente contra otra de una mayor madurez, sino como medio de lucha de un grupo nacional de capitalista contra otro. Las aduanas, además, no son ya necesarias, como medios de protección industrial, para crear y conservar un mercado interior, sino como recurso indispensable para cartelizar la industria, es decir, para la lucha de los capitalistas productores con la sociedad consumidora. En fin, hay algo que no deja lugar a dudas sobre el carácter específico de la actual política aduanera, y es el hecho de que hoy, en general, no es la industria, sino la agricultura la que juega el principal papel en ella. Lo que es igual: que la política aduanera ha llegado a ser, propiamente, un medio de *fundir intereses feudales en molde capitalista y darles nueva vida.*

En el militarismo se ha operado igual cambio. Si contemplamos la historia, no como hubiera podido o debido ser, sino como fue realmente, será fácil comprobar que la guerra fue factor imprescindible en el desenvolvimiento capitalista. Derrotados o triunfantes, a las guerras deben los Estados Unidos y Alemania, los países balcánicos e Italia, Polonia y Rusia, el punto de arranque y creación y aparición de las condiciones precisas para su desarrollo industrial.

En tanto que hubo países cuya interior desmembración y aislamiento económico-natural era preciso vencer, el militarismo jugó también un papel revolucionario en sentido capitalista. Hoy los tiempos han cambiado. Cuando la política mundial amenaza con sus conflictos, no se trata tanto de la apertura de nuevos países para el capitalismo, como de incompatibilidades surgidas *en Europa* y trasplantadas a otras partes del mundo, donde llegan a desbordarse. Los que hoy se presentan como enemigos, armas en mano, en Europa o en otro continente cualquiera, no son, de un lado, países capitalistas, y, de otro, países de economía natural, sino estados que, justamente por la semejanza de su alto desenvolvimiento capitalista, se ven arrastrados a un conflicto. En estas circunstancias, y una vez llegado el rompimiento, el conflicto solo será, ciertamente, de trascendencia fatal si tiene como resultado una revolución y convulsión profundísima en la vida económica de todos los países capitalistas.

Otro aspecto muy diferente presenta esta cuestión desde el punto de vista de la *clase capitalista*. Para ella, el militarismo ha llegado a ser imprescindible por cuanto le interesa en un triple aspecto: primero, como medio de lucha de los intereses «nacionales» en concurrencia y contra otros grupos nacionales; segundo, como medio importantísimo de inversión, tanto para el capital financiero como para el industrial, y tercero, como instrumento interno de dominación clasista, enfrente del pueblo trabajador, intereses todos que nada tienen que ver con el progreso en la manera de producir capitalista.

Y lo que más pone en evidencia este carácter específico del militarismo actual es, en primer término, su crecimiento general y a porfía en todos los países o, por decirlo así– por propio impulso mecánico e interno –fenómeno que hace dos decenios, no más, era completamente desconocido– y, además, la inevitabilidad, el carácter fatal de la explosión, la imposibilidad absoluta de determinar, hoy por hoy, el motivo que a ella ha de conducir, países interesados más directamente en la pugna, presa a disputar y otras circunstancias. Lo que para el desarrollo capitalista fue impulso vivificante se ha convertido en su mal endémico.

En la ya expuesta discordia existente entre el desarrollo capitalista y los intereses de clase hoy dominantes, el Estado se coloca al lado de estos últimos. Tanto como la burguesía, *se opone* políticamente al desenvolvimiento social, *perdiendo,* por tanto, cada vez más, su carácter de representante de la sociedad en general y convirtiéndose, al propio tiempo y en medida equivalente, en simple *Estado de clase.* O, hablando más justamente: estas dos cualidades suyas tienden a distanciarse, degenerando en contradicción a causa de la esencia misma del Estado. Contradicción señalada que, ciertamente, se hace más crítica cada día,

Primera parte. Militarismo y política aduanera

pues, por un lado, las funciones del Estado, de carácter general, aumentan su intervención en la vida social y su «control» sobre esta. Pero, por otra parte, su carácter de clase le fuerza más y más a trasladar el punto de gravedad de su actividad y sus medios coercitivos a terrenos que solo benefician a los intereses de clase de la burguesía, como son el militarismo y la política aduanera y colonial. En segundo lugar, su «control social» queda, por esta causa, influenciado y dominado por el carácter de clase (el trato dado a los trabajadores en todos los países).

La transformación señalada en la vida del Estado no contradice, sino más bien concuerda perfectamente con el desarrollo de la democracia, en la que Bernstein ve igualmente el medio de implantar el socialismo gradualmente.

Según expone Konrad Schmidt, la consecución de una mayoría socialdemócrata en el Parlamento será incluso el camino recto para esta gradual socialización de la sociedad. Las formas democráticas de la vida política son ahora, indudablemente, el fenómeno que expresa más fuertemente la conversión del Estado en sociedad, y constituye, por consiguiente, una etapa para la transformación socialista. Pero la discordia existente en el Estado capitalista –que nosotros ya explicamos– se manifiesta con la mayor claridad en el parlamentarismo moderno. Ciertamente, conocida su estructura, el parlamentarismo sirve para dar expresión, en la organización estatal, a los intereses de la sociedad, en general. Pero, por otra parte, será únicamente la sociedad capitalista, es decir, una sociedad en que los intereses capitalistas dan la norma, la que encuentre esa expresión. Las instituciones, solamente democráticas por su forma, quedan, por consiguiente, y dado su contenido, convertidas en instrumento de los intereses de clase predominantes.

Esto se manifiesta de forma convincente en el hecho de que, tan pronto como la democracia muestra la tendencia a olvidar su carácter de clase, convirtiéndose en instrumento de los verdaderos intereses del pueblo la propia burguesía y su representación estatal sacrifican las formas democráticas. En vista de esto, la idea de una mayoría parlamentaria socialdemócrata se presenta, en el espíritu del liberalismo burgués, solamente como una posibilidad en que solo el lado formal de la democracia cuenta, pero de ninguna manera su contenido real. Y entonces, el parlamentarismo se presenta, en general para nosotros, no como un elemento inmediatamente socialista que va impregnando poco a poco la sociedad capitalista –como admite Bernstein–, sino, por el contrario, como un medio específico del Estado burgués que madura y agudiza a las contradicciones capitalistas.

En vista de este desarrollo objetivo del Estado, la afirmación de Bernstein y Konrad Schmidt de que «el control social» por vía de crecimiento traerá inmediatamente el socialismo, se convierte en una frase que, día por día, estará más en pugna con la realidad.

La teoría de la implantación gradual del socialismo tiende hacia una reforma progresiva, en sentido socialista, de la propiedad y del Estado capitalista. Sin embargo, ambos se desenvuelven, en la sociedad actual, por la fuerza objetiva de los hechos, en una dirección completamente opuesta. El proceso de producción se socializa más y más, y la intervención, el control del Estado sobre el proceso de producción, toma proporciones mayores. Pero la propiedad privada va adquiriendo, al propio tiempo, la forma más cruda de explotación del trabajo extraño, y el control del Estado se ve infiltrado, cada vez más, por intereses cerrados, absolutos, de clase. De esta forma, el Estado –es decir, la organización *política*– y las relaciones de propiedad –es decir, la organización *jurídica* del capitalismo– se convierten en *más capitalistas* cada vez por la fuerza misma del movimiento, pero no en más socialistas, y oponen a la teoría de la implantación gradual del socialismo dos dificultades insuperables.

La sugestión de Fourier de convertir en limonada el agua del mar por medio del sistema falansteriano fue, ciertamente, fantástica. Pero la idea de Bernstein de transformar el mar de la amargura capitalista en uno de dulzuras socialistas, vertiendo a vasos la limonada reformista, además de ser de un dudoso gusto, no cede en fantasía a la otra.

Las relaciones de producción de la sociedad capitalista se aproxima más y más a la socialista, en tanto que, por el contrario, las relaciones jurídicas y políticas elevan, entre la sociedad capitalista y la socialista, un muro cada vez más alto. No será por el desarrollo de la democracia y la reforma social como este muro vendrá al suelo, puesto que, muy al contrario, lo hacen más espeso y fuerte. Para derribarlo solo tendrá fuerza el mazazo de la revolución, es decir, la conquista del poder político por el proletariado.

V

Carácter general y consecuencias prácticas del revisionismo

Ya en el primer capítulo procuramos demostrar que la teoría bernsteiniana desplaza el socialismo de nuestro programa de su base materialista, para transplantarlo a una base idealista. Esto en cuanto a los fundamentos teóricos. Pero, ahora bien: ¿cómo resulta la teoría de Bernstein traducida a la práctica? Cierto que no se diferencia, en sentido formal e inmediato, de la práctica usual hasta ahora en la lucha socialdemócrata. Sindicación, lucha por reformas sociales y democratización de las instituciones políticas; lo mismo, al menos en la forma, de lo que en la socialdemocracia constituye la actividad del partido. La diferencia, pues, no está en el *qué*, sino en el *cómo*.

Según se desarrollan actualmente los acontecimientos la lucha parlamentaria y sindical se concibe como un medio de educar y llevar al proletariado poco a poco a la conquista del poder político. Mas, en vista de la imposibilidad e inutilidad de esta conquista, opina la concepción revisionista que se debe tender simplemente a conseguir resultados inmediatos, esto es, a elevar la condición material del obrero y a limitar gradualmente la explotación capitalista, ampliando el control social.

Si prescindimos del fin de la inmediata elevación de la condición del obrero –ya que este punto es común a ambos criterios, tanto al hasta hoy seguido en el partido como al revisionista— tendremos que la diferencia toda consistirá, dicho en pocas palabras, en lo siguiente: según la opinión en uso, la importancia socialista de la lucha sindical y política consiste en que da al proletariado, *es* decir, al factor *subjetivo de* la transformación social, la preparación necesaria para llevar esta a cabo. Pero, según Bernstein, la diferencia estriba en que la lucha política y sindical ha de ir limitando, si bien gradualmente, la explotación capitalista; ha de despojar cada vez más, a la sociedad capitalista, de su carácter de clase, marcándole la impronta socialista; en una palabra, ha de llevar a adelante la transformación socialista en un sentido *objetivo*. Si apreciamos las cosas más de cerca, veremos que ambas concepciones son perfectamente opuestas. La opinión que priva en el partido es la de que el proletariado llegará, con el ejercicio de la lucha política y sindical, a convencerse de la imposibilidad de cambiar fundamentalmente su situación por medio de esta lucha, así como también de la inevitabilidad de una conquista final de los instrumentos políticos del poder. Pero, en el concepto de Bernstein, se parte del supuesto de la imposibilidad de esta toma política del poder estatal, implantándose el socialismo por simple lucha política y sindical.

Según la interpretación bernsteiniana, el carácter socialista de la lucha económica y parlamentaria se encuentra, precisamente, en esa fe, en una gradual influencia socialista sobre la economía actual. Pero ya hemos tratado de demostrar que tal influencia es una fantasía. La organización capitalista de la propiedad y del Estado lleva una dirección opuesta. Y ello hace que la lucha práctica, diaria, de la socialdemocracia pierda, en última instancia, toda relación con el socialismo. El socialismo trascendente, verdadero, de la lucha sindical y política consiste en que, al educar el juicio y la conciencia del proletariado, lo organizan como clase. Pero si, por el contrario, este juicio y conciencia se entienden como medios para una inmediata socialización de la economía capitalista, además de negar la virtud socializante que se les atribuye, perderán también su otra significación: la de ser medios de educar a la clase trabajadora para la conquista proletaria del poder.

Cometen, pues, Bernstein y Schmidt una gran equivocación, cuando afirman que dirigir toda la lucha en favor de los sindicatos y las reformas sociales no significa abandonar el objeto final, puesto que todo paso dado en aquel terreno repercute sobre este, acercándonos a él, ya que el socialismo es inmanente en la tendencia misma del movimiento. Esto es, ciertamente, lo que en general ocurre con la táctica actual de la socialdemocracia alemana, donde a la lucha sindical y en pro de beneficios sociales *precede,* como guía, la consciente y firme tendencia hacia la conquista del poder político. Si nos separamos de esta tendencia previamente admitida en el movimiento, y colocamos las reformas sociales como fin inmediato y único, no nos llevará el conseguir estas ventajas a la realización de los fines socialistas, sino más bien a lo contrario.

Konrad Schmidt se confía simplemente a la –llamémosla así– técnica del movimiento, por entender que, una vez en marcha, no podrá detenerse por sí misma, y para ello se basa en el sencillo argumento de que comiendo se abre el apetito, de que «el comer y el rascar todo es empezar», y en que la clase trabajadora jamás se dará por satisfecha, en tanto que no consiga la transformación social. La última suposición es verdaderamente justa, y esto mismo nos garantiza la insuficiencia de las reformas sociales. Pero la consecuencia que de ella se saca pudiera solo ser verdad si se pudiera construir una cadena de reformas sociales cada vez más progresivas, que enlazara, directamente con el socialismo, el actual orden social, y esto no es más que fantasía. Por la naturaleza misma de las cosas, la cadena se partiría más bien, siendo entonces múltiples los caminos que, desde este momento, el movimiento puede llevar.

Más fácil y presumible será entonces un abandono, un cambio de táctica, en el sentido de conseguir, por todos los medios, resultados prácticos en la lucha, obtener mejoras sociales. Aquel irreconciliable y absoluto punto de vista clasista que existe solamente en la idea de la conquista política del poder, se convertirá en impedimenta embarazosa tan pronto como los resultados prácticos e inmediatos constituyan el objetivo único. La consecuencia lógica será, pues, una «política de compensaciones» –o hablando claramente: una política de toma y daca– y una hábil actitud conciliadora, propia de políticos profesionales. Pero el movimiento no puede quedar mucho tiempo detenido por esta causa. Pues como las mejoras sociales jamás, en el mundo capitalista, llegan a tener actualidad ni eficacia –se emplee la táctica que se emplee–, la consecuencia inmediata será la falta de fe en una reforma social, es decir, en esa bahía tranquila donde actualmente los profesores Schmoller y compañía se dedican al pacífico estudio de soluciones a gusto de ambas partes, para, al final, encomendar todo a la voluntad de Dios[5]. El socialismo no surge espontáneamente de las luchas diarias de la clase trabajadora y bajo cualquier circunstancia. Se da solo de las contradicciones, cada vez mayores, de la economía capitalista, y del convencimiento, por parte de la clase obrera, de la necesidad de que estas contradicciones desaparezcan por una transformación social. Si negamos las unas y desechamos la otra, como el revisionismo hace entonces el movimiento obrero se limitará inmediatamente a mero sindicalismo y reformismo, llegando, en último extremo y por propia fuerza de gravedad, al abandono del punto de vista de clase.

---

[5] En 1872, en Eisenach, los profesores Wágner, Schmoller, Brentano y otros, celebraron un Congreso, cuyo fin era conseguir la implantación de mejoras sociales en beneficio de la clase obrera. Para ello, constituyeron la «Unión pro reformas sociales». El liberal Oppenheim los llamó irónicamente «socialistas de cátedra». Años más tarde, cuando la persecución de los socialistas se agudizó, estas lumbreras del socialismo de cátedra votaron, como diputados del Reichstag, la prórroga de la ley de excepción, que condenaba a los socialistas a la ilegalidad. Toda la labor de esta Unión se limitó a discutir, en sus asambleas anuales, prolijas memorias, escritas en tono doctoral y sobre diversas cuestiones, publicándolas la Unión en gruesos volúmenes y por su propia cuenta. Poco se pudo aprovechar de los estudios sociales de estos profesores que también se ocupaban del militarismo, aduanas, etc. La Unión terminó por abandonar su labor reformista, y a pasar a ocuparse del tema de las crisis, cárteles, etcétera.

Las consecuencias serán claras si contemplamos la teoría revisionista desde otro aspecto, y nos hacemos la pregunta de cuál es el carácter de esta interpretación social. Claro es que el revisionismo no descansa sobre la misma base que las relaciones de producción capitalistas ni niega las contradicciones de estas, como lo hacen los economistas burgueses. Al igual que la concepción marxista, parte más bien, en su teoría, de estas contradicciones como condiciones preliminares existentes. Mas, por otra parte –y aquí está, en general, tanto el punto más importante de su concepción como la diferencia con la interpretación socialdemócrata que rige hasta el presente– no basa su teoría sobre la *anulación* de estas contradicciones por medio del propio desenvolvimiento futuro. Su teoría se halla equidistante de ambos extremos. No pretende llevar las contradicciones capitalistas al máximo, eliminándolas luego por un golpe revolucionario, sino que quiere descabezadas, *seccionarlas*. De esta forma la desaparición de las crisis, así como las coaliciones de empresas, embotarán la contradicción existente entre producción y cambio; la elevación de la situación del proletariado y la continuación de la clase media acabarán con el antagonismo existente entre trabajo y capital, y el mayor control y la democracia anularán la pugna surgida entre el Estado de clase y la sociedad en general.

Desde luego, la táctica corriente socialdemócrata no consiste en *esperar* el desarrollo de las contradicciones capitalistas hasta su momento extremo, para luego derribarlas simplemente. Por el contrario, nos apoyamos, desde luego, en la ya estudiada *dirección* del movimiento capitalista, para luego, en la lucha política, llevar sus consecuencias al máximo, en lo cual consiste, por lo demás, la esencia de toda táctica revolucionaria. He ahí la razón de por qué la socialdemocracia combate, en todo momento, tanto el militarismo como la lucha aduanera, y ello no solo cuando su carácter reaccionario ha llegado a manifestarse. Pero Bernstein apoya en general su táctica, no solo sobre la agravación y consecuente desarrollo de las contradicciones capitalistas, sino sobre el aplacamiento de estas. El mismo lo ha dado a conocer con toda precisión al hablar de una adaptación o acomodo de la economía capitalista. ¿Cuándo será verdad esa adaptación? Todas las contradicciones de la sociedad actual son simples resultados de la manera dé producir capitalista. Si suponemos que esta forma de producción ha de seguir desenvolviéndose en la dirección hasta ahora dada, con ella habrían de desarrollarse, al propio tiempo, todas sus contradicciones, más graves y extremas cada vez, no más débiles e inocuas. En última instancia supone también Bernstein que hasta a la forma capitalista de producción se le pueden poner trabas. Dicho en pocas palabras: la teoría bernsteiniana viene a creer, en general, en *un alto en el progreso capitalista,* en la desaparición de su carácter contradictorio.

Pero al afirmarlo así, la teoría queda juzgada por sí misma, y, ciertamente, en un doble sentido. Primeramente, pone de manifiesto el carácter *utópico* de la misma con respecto al objetivo socialista final, pues que desde un principio está bien claro que un estancamiento del desarrollo capitalista no puede conducir a una transformación socialista, demostrándose aquí la verdad de nuestra manera de juzgar el resultado práctico y negativo de la teoría bernsteiniana; y en segundo lugar, esta descubre su carácter *reaccionario* con respecto al desarrollo capitalista, verdaderamente rápido y espontáneo. Y ahora se impone la pregunta, ¿cómo ha de explicarse o, más bien, caracterizarse la concepción de Bernstein frente a este desarrollo capitalista?

Desde luego, creemos haber probado, en el primer capítulo, la poca firmeza de los supuestos económicos de que parte Bernstein, cuando, al explayar su teoría de la «adaptación» capitalista, hizo el análisis de las actuales condiciones sociales. También vimos que ni el crédito ni los cárteles pueden concebirse como «medios de adaptación» de la economía capitalista, de igual manera que ni la desaparición temporal de las crisis ni la supervivencia de la clase media pueden entenderse como síntomas de la adaptación capitalista. Pero en el fondo de cualquier —llamémoslo así— detalle de la teoría de adaptación, existe un rasgo común y característico. Esta teoría concibe todos los fenómenos

Primera parte. Carácter general y consecuencias prácticas del revisionismo

de la vida económica que estudia, no en su dependencia orgánica con el desarrollo económico en general, y en su relación con el total mecanismo económico, sino independientes por sí, de generación espontánea, como *disjecta membra,* como rueda separada de una máquina sin vida. Así tenemos, por ejemplo, cómo concibe la virtud de adaptación del crédito.

Si consideramos el crédito como un paso superior e instintivo de las contradicciones inmanentes en el cambio nos será imposible ver en él un «medio de adaptación» mecánico y permanente, funcionando, al propio tiempo, al margen de ese cambio; de la misma manera que no podemos considerar la mercancía, el capital y aun el mismo dinero, como un «medio de adaptación» del capitalismo. Pero el crédito es, en cierto grado de la economía capitalista, tan miembro de esta como puedan serlo el dinero, la mercancía o el capital, y en ese momento dado constituye, al igual que cualquiera de estos, tanto una rueda imprescindible de su maquinaria, como un instrumento de destrucción, por cuanto eleva las contradicciones internas.

Otro tanto ocurre con los cárteles y el mejoramiento de los medios de comunicación.

La misma concepción mecánica y por dialéctica se aprecia en la manera que Bernstein tiene de considerar la desaparición de las crisis como un síntoma de «adaptación» de la economía capitalista. Para él, las crisis son simplemente trastornos de la economía capitalista, permitiendo a esta, al ser eliminados, un funcionamiento normal. Pero en el justo sentido, las crisis no son tales «trastornos», o, mejor dicho, sí son «trastornos», pero sin los cuales la economía capitalista, como total, no puede caminar en forma alguna. Mas dándose el hecho de que las crisis son posibles solamente sobre una base capitalista, y que, por lo tanto, constituyen el método normal de liquidar periódicamente la disensión existente entre la ilimitada capacidad extensiva propia de la producción actual y los estrechos límites del mercado, tendremos que las crisis son fenómenos orgánicos e inseparables de la economía capitalista en total. Peligros más grandes que las mismas crisis existen, para la producción capitalista, en un progreso «sin trastornos», en un desarrollo normal. Y se deben principalmente a la baja continua de la cuota de beneficio, cuota que no es consecuencia automática de la contradicción entre producción y cambio, sino del desarrollo de la productividad del trabajo; baja, además, que marca una tendencia, altamente peligrosa, a imposibilitar la entrada en la producción a los capitales medios y pequeños, y a evitar por tanto, la constitución de nuevos capitales, poniendo barreras al aumento en las inversiones de estos.

Pero justamente, las crisis –que, como las otras consecuencias, son resultados del mismo proceso de producción– ocasionan de manera simultánea, y debido a la *desvalorización* periódica del capital, al abaratamiento de los medios de producción y a la paralización de una parte del capital activo, el alza del beneficio, dando lugar a nuevas inversiones y, con ello, al progreso de la producción. Así pues, las crisis se presentan como medios de avivar continuamente el fuego de la producción capitalista y su desaparición absoluta –y no, como nosotros suponemos, en un determinado momento de la formación definitiva del mercado mundial– llevaría directamente a la economía a la paralización, pero no, como Bernstein supone, a un nuevo florecer. Debido a tan mecánico modo de concebir –lo cual caracteriza toda su teoría de adaptación–, Bernstein deja en olvido la necesidad de las crisis y la de nuevas y cada vez mayores inversiones de pequeños y medios capitales, y ello porque, entre otros errores, se imagina el renacimiento del pequeño capital como un síntoma capitalista de paz y no una manifestación del normal desarrollo capitalista, como lo es, realmente…

Existe ciertamente un punto de vista desde el cual todos los fenómenos aquí estudiados se presentan en forma igual a como son concebidos por la «teoría de adaptación». Y este punto de vista es el del capitalista *particular,* que los imagina tal como se los hacen ver los hechos de la vida económica, si bien desfigurados por la ley de la concurrencia. El capitalista particular ve, efectivamente y en primer lugar, cualquier parte orgánica del conjunto económico como un todo independiente por sí; la ve, además, en el aspecto en que sobre él, capitalista particular, obra, y, por lo tanto, la considera, ya como mero «trastorno», ya como simple «medio de adaptación». Para el capitalista particular, las crisis son más bien simples «trastornos», cuya desaparición le permite un mayor plazo de vida; y al crédito le considerará igualmente como un medio de «adaptar» sus insuficientes fuerzas de producción a las exigencias del mercado, y no dudará de que el cártel del cual entra a formar parte ha de anular de un modo efectivo la anarquía de la producción.

En una palabra: la teoría de la adaptación de Bernstein no es más que una generalización teórica de la forma de ver las cosas el capitalista particular. Pero esta manera interpretativa, ¿qué es, en su expresión teórica, sino lo característico y esencial de la economía vulgar burguesa? Todos los errores económicos de esa escuela descansan, justamente, sobre la equivocación de considerar como propios de la economía en total, ciertos fenómenos de la concurrencia tal como resultan vistos por los ojos del capitalista individual. Y de igual modo que Bernstein entiende el crédito, considera la economía vulgar el *dinero;* es decir, que lo ve como un ingenioso «medio de adaptación» a las necesidades del cambio. La economía vulgar busca, en los fenómenos capitalistas, incluso el contraveneno de los males propios de este sistema. Cree, en concordancia con Bernstein, en la *posibilidad* de regular la economía capitalista, y de acuerdo siempre con él, se refugia, en último momento, en un embotamiento de las contradicciones capitalistas y en un taponamiento de sus heridas. O, más bien, dicho en otras palabras, recurriendo a un proceso reaccionario, en vez de revolucionario, y aceptando, por lo tanto, una utopía.

La teoría revisionista, apreciada en su conjunto, la explicaremos, pues, como *una teoría del estancamiento socialista, basada en una teoría del estancamiento capitalista propia de la economía vulgar.*

Segunda parte

N. del T.: En el Congreso de Stuttgart, celebrado en 1898, se discutieron por primera vez las teorías revisionistas de Bernstein, llamadas así por pretender una revisión total de la doctrina marxista, basándose para ello el revisionismo, como se desprende de la refutación de Rosa Luxemburgo, en que los acontecimientos económicos mundiales no habían discurrido en la forma que Marx previno y que, por lo tanto, procedía una revisión total de su sistema económico, sociológico y político fundado sobre premisas que los hechos venían desmintiendo. Las consecuencias de estos debates fue el libro escrito por Bernstein bajo el título *Las premisas del socialismo y la misión de la socialdemocracia [Die Voraußetzungen des Sozialismus un die Aufgaben der Sozialdemocratie].* En este libro, traducido al español con el título de *Socialismo evolucionista,* Bernstein desarrolla y expone completamente su concepción antimarxista. Niega los fundamentos de las doctrinas de Marx: el método dialéctico, el materialismo histórico, la lucha de clases, el carácter revolucionario de la estrategia marxista, la conquista violenta del poder político por el proletariado y la dictadura de este, la teoría del valor, la acumulación del capital y las crisis propias del sistema capitalista de producción. En refutación a este libro Rosa Luxemburgo escribió la presente segunda serie de artículos, aparecidos igualmente en la revista socialista *Leipziger Volkszeitung.*

I

El desarrollo económico y el socialismo

La más grande conquista de la lucha obrera de clases durante el curso de su desarrollo fue el descubrir el momento en que la realización del socialismo nace de las relaciones económicas de la sociedad capitalista. He aquí por qué el socialismo, que para la humanidad fue durante miles de años un «ideal» irrealizable, ha llegado a constituir una *necesidad histórica.*

Bernstein combate la creencia de que en la sociedad actual se estén dando las condiciones económicas que son preliminares del socialismo. Por ello, en vías de demostración, se forja un interesante desarrollo para el capitalismo. En la *Neue Zeit* combatió ya la rapidez de la concentración en la industria, apoyando sus argumentos en una comparación de los datos sacados de la estadística de fábricas en Alemania en los años 1882 y 1895. Entonces, con el fin de aprovechar para sus fines estos datos, hubo de recurrir a experimentos tan mecánicos como superficiales. Pero ni aun en el caso más favorable, a pesar de aludir a la consistencia apreciable en la dase media, pudo destruir en lo más mínimo el análisis marxista, Marx no señala un *compás* o ritmo determinado para la concentración de la industria, es decir, un *plazo* calculado para la realización de los fines socialistas, y menos aún considera –como ya hemos demostrado– la *desaparición absoluta* del pequeño capital y, por lo tanto, la de la pequeña burguesía como condición precisa para la realización del socialismo.

Al desarrollar sus puntos de vista, Bernstein nos ofrece en su libro un mayor caudal demostrativo, como, por ejemplo, la *estadística de las sociedades anónimas,* que tiene como fin probar que la cifra de los accionistas aumenta sin cesar; es decir, que la clase capitalista no disminuye, sino que, por el contrario, se hace cada vez mayor. Asombra verdaderamente el poco conocimiento que Bernstein demuestra tener del material que maneja y el poco partido que saca de él para sus fines.

Si con las sociedades anónimas quiso demostrar algo contra la ley marxista del desarrollo industrial, hubiera debido presentar otras cifras. Tenemos, por ejemplo, que todo el que conozca la historia de las sociedades anónimas en Alemania, sabe que el capital inicial medio correspondiente a una industria se halla en *disminución* constante. Así pues, el importe de este capital en Alemania fue de cerca de 10,8 millones de marcos antes de 1871; solo de 4,01 millones en 1871; en 1873, 3,8 millones; de 1883 a 1887, menos de un millón; en 1890, 0,56 millones; 1892, 0,62 millones. Desde entonces las cifras fluctúan entre el millón de marcos, aunque el año 1895 volvieran a subir a 1,78 millones, para descender nuevamente a 1,19 millones en el primer semestre de 1897[6].

¡Oh, el poder de los números! A este paso Bernstein llegaría incluso a deducir de ellos una completa tendencia *antimarxista,* y hablaría del retroceso de la gran fábrica a la pequeña. Pero entonces, se le podría contestar que si con esta estadística pretende demostrar algo, ha de convencernos previamente de que se refiere a una *misma* rama de la producción y de que las empresas más pequeñas ocupan el *lugar* de las grandes ya existentes, y no van allí donde hasta ahora vivió el capital particular, el taller o la industria enana. Mas no llegará a probar nada; puesto que si tras de

---

[6] Van der Borght, *Diccionario de economía política.*

las grandes asociaciones anónimas han venido las medianas y las pequeñas, es un fenómeno que solo puede explicarse por el hecho de que el capital en acciones nutre continuamente *nuevas* ramas, y que si al principio solo tuvo aplicación para la formación de empresas gigantes, hoy es adoptado en todas partes, tanto pata la media como para la pequeña industria. (Hay ya sociedades anónimas con mil marcos de capital, y aun con menos.)

¿Pero qué importancia tiene, desde el punto de vista de la economía política, esta extensión cada vez mayor del capital en acciones? Significa la *progresiva socialización de la producción* en su forma capitalista; la socialización, y no solo de la gran producción, sino de la mediana y hasta de la pequeña; es decir, algo que no se opone a la teoría marxista, sino que le presta una mayor validez.

En efecto, ¿en qué consiste el fenómeno económico de las sociedades en acciones? Por una parte, en la reunión de muchas pequeñas fortunas en dinero en un capital de producción. Por otra parte, en separar de la propiedad del capital la producción; es decir, en una doble superación de la manera de producir capitalista –siempre, claro, sobre una base capitalista–. En vista de ello, ¿qué significa la estadística, mentada por Bernstein, que expresa el gran número de accionistas interesados en una empresa? No prueba sino que, actualmente, una empresa capitalista no pertenece a un propietario de capital, como antes, sino a toda una multitud, a un número cada vez mayor de propietarios de capital; que, por consiguiente, el concepto económico «capitalista» ya no coincide con el individuo particular; que el actual capitalista industrial es una personalidad compleja compuesta de cientos y hasta de miles de personas; que el concepto «capitalista», incluso en el marco de la economía capitalista, se convirtió en una categoría social al socializarse aquella.

Pero en vista de ello, ¿cómo se explica el que Bernstein conciba el fenómeno de las sociedades por acciones justamente como un fraccionamiento y no como una reunión del capital? ¿Cómo se explica que vea una difusión de la propiedad capitalista allí donde

Marx aprecia un constreñimiento de esta propiedad? Se explica por un error muy sencillo, propio de la economía vulgar. Porque Bernstein entiende por capitalista, no una categoría de la producción, sino un derecho de propiedad; no una unidad económica, sino una unidad político-contributiva, y el capital no lo ve como un todo dentro de la producción, sino únicamente como capitales pecuniarios, fortunas en dinero. Por ello ve en su trust inglés de las hilaturas, no la compleja soldadura de doce mil trescientas personas en una, sino doce mil trescientos capitalistas de cuerpo entero, siendo esta la razón de por qué considera capitalista incluso a su ingeniero Schulze, luego de haber recibido como dote de la esposa «una mayor cantidad de acciones», razón para que se imagine que *el mundo está plagado de «capitalistas»*[7].

Pero, en todo momento, el error de economía vulgar cometido por Bernstein es, simplemente, la base teórica que sirve para toda una vulgarización del *socialismo*. Cuando Bernstein traslada el concepto capitalista, desde las relaciones de producción, a las de propiedad, y cuando habla «de hombres en vez de empresarios», lleva también la cuestión del socialismo, desde el terreno de la producción al de las relaciones pecuniarias; de la relación de *capital y trabajo* a la de *rico y pobre*.

---

[7] Bernstein cree ver, en esta multitud de pequeños accionistas, una demostración de que la riqueza social empieza ya a derramar su bendición en forma de acciones sobre la gente modesta. En efecto, ¿habrá pequeñoburgués u obrero que renuncie a comprar acciones por la módica suma de una libra esterlina? Claro que no. Pero ello se debe a un error de cálculo, puesto que no hay que operar con el valor nominal, sino con el *efectivo*. Ejemplo: en el mercado minero se cotizan las acciones de las minas sudafricanas del Rand. El precio de estas acciones es, como el de casi todos los valores mineros, de una libra, es decir, de veinte marcos papel. Pero su precio, en 1899, era ya, según cotización del mes de marzo de 43 libras, o sea 860 marcos. Y esto es lo que suele ocurrir por regla general. Las «pequeñas» acciones, por muy democráticas que parezcan, solo suelen estar al alcance de la gran burguesía y pocas veces al de la pequeña, pero en cuanto al proletariado, bien puede despedirse de estos bonos de participación de la riqueza social, pues son contadísimos los accionistas que las adquieren en su valor nominal.

Segunda parte. El desarrollo económico y el socialismo 59

Y aquí nos encontramos con que hemos retrocedido, desde Marx y Engels, al autor del *Evangelio del pobre pecador,* con la sola diferencia de que Weitling, con acertado instinto proletario, *reconocía,* aun en forma primitiva y en esta contradicción de rico y pobre, los antagonismos de clase, y pretendía convertirla en palanca del movimiento social; en tanto que Bernstein, por el contrario, ve el socialismo en la transformación de los pobres en ricos, es decir, en la lenta desaparición de los antagonismos de clase, y adivina el futuro socialista al final de un proceso pequeñoburgués.

Desde luego, Bernstein no se limita a la estadística de ingresos. Nos da también la estadística de fábricas, e incluso de distintos países: de Alemania, Francia, Inglaterra, Suiza, Austria y los Estados Unidos. Pero ¿qué estadística nos muestra? No creamos que son datos de *diversos momentos,* pero iguales para todos los países, sino que toma para cada país un momento distinto. No compara, por ejemplo –si exceptuamos a Alemania, en que repite su antigua comparación de 1882 y 1895–, el estado de la división de las fábricas en un país y en determinados momentos, sino solamente cifras *absolutas* para los diversos países. (De Inglaterra, el año 1891; de Francia, el de 1894; de los Estados Unidos, el de 1890, etc.) La deducción que saca es la de que «si en la industria, hoy, la gran fábrica ha alcanzado el predominio, aun sumándole las pequeñas fábricas que de ellas puedan depender, no representan, en países tan progresivos como Prusia, más de *la mitad de la población que toma parte activa en la producción*», y lo mismo ocurre en Alemania en general, Inglaterra, Bélgica, etcétera.

Lo que con ello se demuestra no es, ciertamente, esta o aquella *tendencia del desenvolvimiento económico,* sino, simplemente la *relación absoluta de fuerzas* de las diversas formas de empresas, con respecto a las diversas clases de producción. Si con ello ha de demostrarse la carencia de posibilidades socialistas, también se manifiesta, en el fondo de toda esta demostración, una teoría según la cual la relación física y numérica de las fuerzas en lucha, es decir, el simple momento de la *violencia* será lo que determine el resultado de las dos tendencias sociales: capitalismo y socialismo.

No cejando un solo momento en sus sospechas blanquistas, Bernstein incurre aquí, para no pecar de monótono, en la más torpe equivocación del blanquismo –claro que siempre con la diferencia de que, representando los partidarios de Blanqui una tendencia revolucionaria y socialista, suponían natural la realización del socialismo, y, por tanto, fundaban sus esperanzas en una poderosa revolución, aun hecha por una pequeña minoría, en tanto que Bernstein deduce la imposibilidad socialista de la insuficiencia numérica de la mayoría del pueblo–. La socialdemocracia no cree llegar a su meta ni por la violencia triunfante de la minoría ni por la ventaja numérica de la mayoría, sino por la necesidad económica y reflexionando sobre esta necesidad, la cual exige la anulación del capitalismo por la masa del pueblo, luego de hacerla necesaria, ante todo, la *anarquía capitalista*.

En cuanto a esta última y decisiva cuestión de la anarquía, Bernstein llega a negar las grandes crisis de carácter más o menos general, si bien no las crisis nacionales y parciales. Hasta pone en duda la anarquía, aunque acepta al propio tiempo la existencia de algo de anarquía. A Bernstein le ocurre –y usemos alguna vez las palabras de Marx– como a aquella doncella alocada que tuvo un niño y que se disculpaba diciendo que «sí, pero es muy pequeñito».

Lo malo del asunto está en que en ciertas cosas como la anarquía, lo poco es tan malo como lo mucho. Si Bernstein acepta un tanto de anarquía, ya se cuidará por sí el mecanismo de la economía mercantil de llevar esta anarquía hasta... hasta el derrumbamiento.

Pero si Bernstein espera que, conservando la producción mercantil, ese poquillo de anarquía se convertirá, poco a poco, en armonía y orden, caerá nuevamente en uno de los errores más fundamentales de la economía vulgar burguesa, al considerar independientes entre sí las maneras de producir y cambiar.

Segunda parte. El desarrollo económico y el socialismo 61

Este no es el lugar más oportuno para mostrar en su conjunto la sorprendente confusión en que, en relación con los más elementales principios de la economía política, incurre Bernstein en su libro. Pero hay un punto, al cual nos llevan los orígenes de la anarquía capitalista, que debe ser aclarado.

Bernstein asegura que la teoría del *valor por el trabajo,* de Marx, es una abstracción, lo cual, según él, en economía política supone claramente un insulto. Pero si el valor por el trabajo no es más que una abstracción, una «quimera», según Bernstein, tendremos que todo honrado ciudadano que haya cumplido su servicio militar y pague religiosamente todos los impuestos, tendrá el mismo derecho que Karl Marx para hacer de cualquier estupidez una «quimera», como, por ejemplo, la de la teoría del valor. «Marx –dice Bernstein– tiene perfecto derecho a hacer caso omiso de las propiedades de las mercancías, por cuanto, en último extremo, siempre serán materializaciones de cantidades de simple trabajo humano –así como a la escuela de Böhm-Jevons le está permitido hacer abstracción de todas las cualidades de las cosas, a excepción de su utilidad–». Entre el trabajo social marxista y la utilidad abstracta de Carl Menger, no parece que Bernstein aprecie diferencia alguna: para él, todo es pura abstracción. Parece, pues, haber olvidado que la abstracción marxista no es un invento, sino un descubrimiento; que este no estaba en la cabeza de Marx, sino en la economía mercantil; que, socialmente, implica un algo real, tan real que puede cortarse, unirse, pegarse o marcarse. El trabajo humano abstracto, descubierto por Marx, no es precisamente, en su forma desdoblada, otra cosa que... *dinero.* Y esto es uno de los más grandes descubrimientos de Marx, en tanto que para la economía burguesa en general, desde el primer mercantilista hasta el último, la esencia mística del dinero sigue siendo el libro cerrado con siete sellos.

Por el contrario, la utilidad abstracta de Böhm-Jevons es simplemente una quimera o, más bien, un producto de su calenturienta fantasía; una estupidez de la cual no puede hacerse responsable a una sociedad mercantil ni a cualquier otra sociedad humana, sino únicamente a la economía vulgar burguesa. Dueños de esta «quimera», tanto Bernstein, como Böhm, como Jevons, pueden mantenerse todavía una veintena de años, al frente de la comunidad subjetiva de fieles, ante el divino misterio del oro, sin que lleguen a ninguna otra solución que a la que cualquiera tiene olvidada por archisabida; que el dinero es también una cosa «útil».

Ante la teoría del valor de Marx, Bernstein llega a perder por completo la cabeza. Pero todo el que tenga algún conocimiento del sistema económico marxista, comprende claramente que, sin la teoría del valor, el sistema, en su totalidad, se hace incomprensible; o, hablando más concretamente, si no se comprende la esencia de la mercancía y de su cambio, la economía capitalista en general y su mecanismo todo, quedarán en las tinieblas.

Pero ¿cuál es la llave mágica que a Marx permite violar hasta los secretos más íntimos de todos los problemas capitalistas; que le llevó a resolver, con ligereza de maravilla, problemas cuya existencia ni aun las más grandes inteligencias de la economía clásica capitalista, como Smith y Ricardo, acertaron siquiera a sospechar? Esta clave no fue otra que el concebir la economía capitalista en su conjunto como un fenómeno histórico, y no ciertamente en relación con el pretérito –como fue costumbre, incluso en los más felices momentos de la economía clásica–, sino en marcha progresiva, y no solo con respecto a la economía feudal, sino, sobre todo, en relación con un *futuro socialista*. Aquello que la teoría marxista del valor, el análisis del dinero, las teorías del capital y de la cuota de beneficio encierran en sí, es... el carácter efímero y temporal de la economía capitalista, su derrumbe, es decir –y he aquí su reverso–, *el objetivo final socialista*. Justamente solo debido a que Marx examinó, de antemano y como socialista, la economía actual *bajo un punto de vista histórico,* pudo descifrar sus jeroglíficos, y si pudo dar una base científica al socialismo fue porque hizo, del punto de vista socialista, *el de la partida* para el análisis científico de la sociedad burguesa.

En ello está la piedra de toque de las observaciones de Bernstein hechas al final de su libro, cuando en él se lamenta del

Segunda parte. El desarrollo económico y el socialismo

«dualismo», de «un dualismo que se aprecia en toda la obra monumental de Marx», de «un dualismo consistente en que esta obra pretende ser científica exploración y, sin embargo, trata de demostrar una tesis ya dada antes de la concepción de la obra misma; fundándose sobre una fórmula en la cual el resultado a que su desarrollo hubiera de conducir se halla fijado de antemano. El retroceso al *Manifiesto comunista* (es decir, al objetivo final socialista) demuestra la persistencia, en la conciencia de Marx, de restos efectivos de utopismo».

Pero el «dualismo» marxista no es más que el dualismo existente entre el porvenir socialista y el presente capitalista; el de capital y trabajo, de proletariado y burguesía: es el reflejo monumental y científico del *dualismo existente en la sociedad burguesa, de sus propias contradicciones.*

Al apreciar Bernstein este dualismo teórico de Marx como «una reminiscencia del utopismo», enjuicia de una manera infantil, negando el dualismo histórico en la sociedad burguesa y las contradicciones capitalistas de clase, hasta el punto de que, para él, el socialismo ha llegado a ser una «reminiscencia utópica». El «monismo», esto es, la ordenación dada por Bernstein, es la ordenación de un socialista que ha olvidado su objetivo final para adivinar el fin del desenvolvimiento humano dentro de una sociedad burguesa única e invariable.

Pero si Bernstein ve en la estructura económica del capitalismo incluso la dualidad, pero no el desenvolvimiento hacia el socialismo, con el fin de salvar –al menos en su forma– el programa socialista, ha de recurrir a una construcción idealista al margen del desarrollo económico, transformando el propio socialismo, de una fase histórica determinada del desarrollo económico, en un «principio» abstracto. El «principio cooperativista», de Bernstein, que ha de ser disfraz y adorno de la economía capitalista, esa finísima «quintaesencia» del objetivo final socialista, se presenta ante nosotros, no como un testimonio de su teoría burguesa sobre el futuro socialista de la sociedad, sino como prueba irrecusable del pasado socialista... de Bernstein.

II

Sindicatos, cooperativas y democracia política

Ya hemos visto que el socialismo de Bernstein discurre sobre el plano de dejar a los trabajadores participar en la riqueza social, convertir a los pobres en ricos.

¿Cómo puede verificarse esto? En los artículos publicados en la *Neue Zeit* y titulados– «Problemas del socialismo», Bernstein deja entrever indicios apenas reconocibles, aunque en su libro da conclusiones sobre esta cuestión. Su socialismo ha de realizarse por dos medios: por el de los sindicatos, llamado por Bernstein de la democracia económica, y el de las cooperativas. Por el primer sistema pretende acabar con el beneficio industrial; por el segundo, con el comercial.

En lo que respecta a las cooperativas, y muy particularmente a las de producción, representan, debido a su esencia interna, un algo *híbrido* dentro de la economía capitalista; una producción socializada en pequeño dentro del régimen capitalista de cambio. Pero en la economía capitalista el cambio domina a la producción, convirtiendo, en vista de la concurrencia, la explotación desmedida, es decir, el sometimiento completo del proceso de producción a los intereses del capital, en condición necesaria de la empresa. Prácticamente, se manifiesta esto en la necesidad de hacer el trabajo lo más intensivo posible, siendo aumentado o disminuido, según la situación del mercado; alquilar la fuerza de trabajo de acuerdo con las exigencias de la demanda mercantil, o despedirla, poniéndola en el arroyo; en una palabra, emplear cuantos medios se conocen para poner a una empresa en condiciones de poder competir con otras. Por ello, en las cooperativas de producción, se da la necesidad contradictoria de que los trabajadores, dueños de la empresa, han de regirse con toda rigurosidad, incluso contra sí mismos, para poder desempeñar el papel de empresarios capitalistas. En esta contradicción parece estar la cooperativa de producción, retrocediendo hacia la empresa capitalista, o disolviéndose, caso de que los intereses de los obreros fueran más fuertes. Estos son hechos que, aun conocidos por Bernstein, llega a confundirlos cuando ve en la falta de «disciplina», de acuerdo con la señora Potter-Webb, la razón de la decadencia de las cooperativas de producción en Inglaterra. Lo que aquí con demasiada ligereza se califica de disciplina, no es otra cosa que el régimen, por naturaleza absoluto, del capital, que hace que los trabajadores no puedan emplearlos para consigo mismo[8].

De ello resulta que las cooperativas de consumo solo podrán asegurar su existencia en la economía capitalista si, recurriendo a algún expediente, anulan la contradicción oculta en esta y que se da entre las formas de producir y cambiar, escapando artificialmente a las leyes de la libre concurrencia. Esto será posible únicamente si de antemano se asegura un mercado de venta, un seguro círculo de consumidores. Como tal remedio pueden servir las *cooperativas de consumo*. Y aquí tenemos nuevamente, y no en la diferencia entre cooperativas de producción y de consumo –o como en otro lugar se desprende de la ocurrencia de Oppenheimer–, el problema tratado por Bernstein de por qué las cooperativas de producción independientes fracasan, y solo las de consumo pueden asegurar su existencia.

---

[8] «Cierto que las fábricas pertenecientes a cooperativas representan el primer resquebrajamiento del molde antiguo sin salir de él, soliendo reproducir, en su verdadera organización, todas las faltas del sistema actual.» (K. Marx, *El capital*, tomo III, 1.ª parte.)

Pero si las condiciones de vida de las cooperativas de producción en la sociedad actual han de estar, por tanto, ligadas a las de las cooperativas de consumo, resulta entonces, como consecuencia lógica, que las cooperativas de producción han de quedar, en el caso más favorable, condenadas a un mercado local y reducido, y a producir contados artículos de consumo inmediato y, con preferencia, los de primera necesidad. Las industrias textil, carbonera, metalúrgica, petrolera, así como las de construcción de locomotoras, barcos y maquinarias; todas las ramas más importantes de la producción capitalista, quedan excluidas «a priori», tanto de las cooperativas de consumo como de las de producción. Prescindiendo, pues, de su carácter híbrido, pueden las cooperativas de consumo emprender principalmente, como tarea general, y dentro de pequeños círculos de producción y de cambio, la abolición del mercado mundial y la disolución de la economía existente; es decir, que, según su esencia, supondrán un retroceso desde la producción mercantil del alto capitalismo a la producción medieval.

Pero también en los límites de su posible realización sobre la base de la sociedad actual, se reducen forzosamente las cooperativas de producción a ser simples servidores de las de consumo, que se presentan, por tanto, en primer plano y como los principales agentes de la reforma socialista proyectada. Toda la reforma socialista por medio de las cooperativas queda reducida, por esta razón, de una lucha contra el capital productivo, esto es, contra el trono de la economía capitalista, a una lucha contra el capital comercial y, desde luego, contra el capitalismo de los acaparadores y pequeños comerciantes, es decir, contra pequeñas *ramificaciones* del tronco capitalista.

En lo que respecta a los sindicatos –los cuales, según Bernstein, desempeñan por sí un papel contra la explotación capitalista–, ya hemos demostrado que no son capaces de asegurar a los obreros influencia alguna sobre el proceso de producción, tanto en relación con el *volumen* de esta, como sobre su *técnica*.

Pero en lo referente al aspecto puramente económico, «a la lucha entre las cuotas de salario y de beneficio», como Bernstein la llama, esta se desarrollará —según ya hemos demostrado—, no en el amplio espacio azul, en las nubes, sino en el campo delimitado de la ley del salario, ley que no pueden transgredir, sino, todo lo más, hacer cumplir. Esto aparece claramente si concebimos el asunto desde otro aspecto, y planteamos la cuestión según las funciones privativas de los sindicatos.

Bernstein confiere a estos el papel de llevar, en la lucha emancipadora de la clase obrera, el verdadero ataque contra el beneficio industrial, diluyéndolo en la cuota de salario; pero si los sindicatos no se hallan de ninguna manera en condiciones de llevar una ofensiva política contra el beneficio porque no son nada más que la *defensiva* organizada de la fuerza de trabajo contra los ataques del beneficio, representarán, simplemente, la defensa de la clase obrera contra la tendencia bajista de la economía capitalista. Y ello por dos razones:

Una, porque si los sindicatos tienen por misión influir, con su organización, sobre la situación alcanzada en el mercado por la mercancía fuera de trabajo, esta organización será, a su pesar, rebasada una y otra vez debido al proceso ele proletariación de las clases medias, que lleva al mercado continuamente nueva mercancía. Y otra razón, porque si los sindicatos tienen por misión elevar las condiciones ele vida de la clase trabajadora y conseguir una mayor participación en la riqueza social, esta participación, debido al crecimiento de la productividad del trabajo, disminuirá continuamente, con la inexorabilidad de un proceso de la naturaleza. Para comprender esto último no necesita nadie ser marxista, sino simplemente haber tenido alguna vez a mano el libro de Rodbertus *Sobre la cuestión social*.

En estas dos cuestiones principales, la lucha sindical conviértese en un trabajo de Sísifo, de tejer y destejer, a pesar de los progresos objetivos que logra alcanzar en la sociedad capitalista. Este tejer y destejer es, sin embargo, indispensable si el trabajador ha de conseguir, en general, la cuota de salario que le corresponde, dada la situación temporal del mercado, si ha de hacer respetar la ley capitalista del salario, paralizando o, más bien,

Segunda parte. Sindicatos, cooperativas y democracia política

debilitando los efectos de la tendencia bajista del desenvolvimiento económico. Pero si se quiere convertir los sindicatos en un medio de reducir gradualmente el beneficio en favor del salario, supondrá esto, ante todo y como condición social, un alto tanto en la proletarización de las clases medias como en el crecimiento de la productividad del trabajo, es decir, que en ambos casos –e igual que en la relación de la teoría cooperativista– significará *un retroceso al estado anterior al gran capitalismo*.

Ambos remedios de la reforma bernsteiniana, las cooperativas y los sindicatos, se manifiestan, por tanto, como incapaces completamente de transformar el *modo de producir capitalista*. A decir verdad, Bernstein llega a darse cuenta de ello hasta cierto punto, y los concibe simplemente como medios de regatear a los capitalistas la parte del león en el *beneficio,* enriqueciendo así al obrero. Por lo tanto, renuncia incluso a luchar contra la *forma capitalista de la producción,* y reduce el movimiento socialdemócrata a la protesta contra la partición capitalista. Así pues, en su libro, Bernstein formula repetidamente su socialismo como la lucha por una partición «justa», «más justa», «y si aun cupiera, más justa», y en el *Vorwärts* del 26 de marzo de 1899 vuelve a repetir esta concepción del socialismo.

Desde luego, que la razón más inmediata del movimiento socialdemócrata, al menos para las masas, lo es también la «injusta» partición o distribución propia del orden capitalista. Y al luchar por la socialización de la economía en total, tiende asimismo la socialdemocracia, lógicamente, a una partición «justa» de la riqueza social. Pero gracias al descubrimiento de Marx de que la «partición» en un momento dado es simplemente una consecuencia lógica y natural de la forma de producir que entonces domine, la socialdemocracia endereza ahora su lucha, no hacia la partición dentro del cuadro de la producción capitalista, sino hacia la anulación de la producción mercantil misma. Pretende, en una palabra, llegar a la *partición socialista* por la derrocación del modo de producir capitalista, en tanto que el procedimiento de Bernstein es precisamente lo contrario: quiere combatir la *partición capitalista* y espera llegar de este modo y gradualmente a una *forma de producción socialista*.

¿Pero cómo puede, en este caso, razonarse la reforma socialista de Bernstein? ¿Por determinadas tendencias de la producción capitalista? De ninguna manera; pues primeramente niega él mismo estas tendencias, y en segundo lugar, porque para Bernstein, según lo dicho antes, la transformación que se anhela en la producción es resultado y no causa de la partición. El razonamiento de *su* socialismo no puede ser de ninguna forma económico. Al poner del revés el fin y medios del socialismo, y por lo tanto las relaciones económicas, no *puede* dar ninguna argumentación materialista a su programa y *se ve forzado* a darle una base idealista.

«¿Por qué derivar el socialismo de la necesidad económica? –le vemos preguntar–. ¿Para qué degradar el *raciocinio, la idea de la Justicia, la voluntad* de los hombres?» (*Vorwärts,* 26 marzo de 1899). La partición más justa que proclama Bernstein ha de realizarse, pues, por voluntad activa y espontánea de los hombres, no forzada por la necesidad económica; o, mejor aún, como quiera que la voluntad misma es un simple instrumento, por la fuerza de la discriminación de lo justo, es decir, por la *idea de la justicia*.

Y ya aquí hemos llegado, felizmente al principio de la Justicia, a este viejo corcel en que vienen cabalgando, hace mil años, todos los redentores de la humanidad, y ello a falta de un medio de locomoción histórico más seguro. A este Rocinante matalón sobre el cual todos los Quijotes de la historia cabalgaron hacia una transformación del mundo, para finalmente no conseguir más que puñaladas y palos.

La relación de pobre y rico como justificación, histórica del socialismo, el «principio» del cooperativismo como su contenido, la «partición más justa» como su fin, y la idea de la Justicia como su única legitimación histórica... ¡Con cuánta más fuerza, con cuánto más espíritu, con cuánta más brillantez defendió Weitling, hace más de cincuenta años, esta especie de socialismo! Pero el genial sastre no conocía todavía el socialismo científico. Y si *hoy*, después de medio siglo, vuelve a aliñarse la teoría cuya disección en trozos menudos les cupo a Marx y Engels, y se le ofrece al proletariado alemán como la última palabra de la economía, no negamos que esto sea labor de sastre también, pero no de un sastre genial.

***

Así como la teoría revisionista considera los sindicatos y cooperativas como los puntos económicos de apoyo, también supone como condición política previa más importante, el desarrollo progresivo y continuo de la *democracia*. Para el revisionismo, las actuales erupciones reaccionarias son simplemente «convulsiones», que considera pasajeras y casuales y que no impiden establecer una regla general para las luchas obreras.

Según Bernstein, la democracia se presenta, por ejemplo, como un paso ineludible en el desarrollo de la sociedad moderna: para él, exactamente igual que para los teóricos burgueses del liberalismo, la democracia es la gran ley fundamental del desarrollo histórico en su conjunto, y todas las fuerzas políticas activas han de contribuir a su desenvolvimiento. Mas planteado en esta forma absoluta, es radicalmente falso, y nada más que una esquematización demasiado superficial y pequeñoburguesa de los resultados obtenidos en un pequeño apéndice del desarrollo burgués en los últimos veinticinco o treinta años. Si contemplamos más de cerca la evolución de la democracia en la historia y, a la par, la historia política del capitalismo, obtendremos entonces resultados esencialmente distintos.

En lo que respecta al primer punto, encontramos la democracia en las formas históricas más diversas. En las primitivas sociedades comunistas, en los antiguos estados de esclavos, en las comunas de las ciudades medievales. De igual manera, vemos el absolutismo y la monarquía constitucional presidiendo las relaciones económicas más diversas. Por otra parte, el capitalismo, en sus comienzos como producción mercantil, dio vida a una concepción democrática en las comunas de las ciudades; luego, en su forma más desarrollada, como manufactura, encuentra en la monarquía absoluta su forma política más conveniente. Finalmente, y ya como economía industrial desarrollada, crea en Francia sucesivamente, la república democrática (1793); la monarquía absoluta de Napoleón I; la monarquía aristocrática del tiempo de la Restauración (1815 a 1830), la monarquía constitucional burguesa de Luis Felipe; la república democrática, otra vez; luego, la monarquía de Napoleón III, y, finalmente, por tercera vez, la república. En Alemania, la única institución verdaderamente democrática –el sufragio universal– no es una conquista del liberalismo burgués, sino un instrumento de fusión de los pequeños estados, y solamente en este aspecto tiene importancia para el desarrollo de la burguesía alemana, la cual, por lo demás, se contenta con una monarquía constitucional semifeudal. En Rusia, el capitalismo consiguió prosperar durante largo tiempo bajo una autocracia oriental sin que la burguesía diera muestras de desear ardientemente una democracia. En Austria, el sufragio universal se ha manifestado, en gran parte, como el cinturón de salvamento de una *monarquía* que se desquicia. En Bélgica, finalmente, la conquista democrática del movimiento obrero –el sufragio universal– está en dependencia indudable con la debilidad del militarismo, es decir, con la particular situación geográfico-política de Bélgica, y es un «trozo de democracia» arrancado, no por la burguesía, sino en *contra* de ella.

El progreso ininterrumpido de la democracia se presenta, tanto para nuestro revisionismo como para el liberalismo burgués, como la gran ley básica de la historia, si no en general, al menos contemporánea; pero de un mejor estudio se deduce que este juicio es una simple quimera. Entre la democracia y el desarrollo capitalista no cabe apreciar ninguna relación general y absoluta. La forma política es, en todo momento, el resultado de la suma total de los factores políticos internos y externos, y admite, dentro

Segunda parte. Sindicatos, cooperativas y democracia política

de sus límites, la escala completa de los regímenes políticos, desde la monarquía absoluta a la república democrática.

Si, por lo tanto, hacemos abstracción de una ley general e histórica para el desarrollo de la democracia, incluso en el cuadro de la sociedad moderna, y nos dirigimos solamente a la fase presente de la historia burguesa, vemos también, en la situación política, factores que no conducen a la comprobación del esquema dado por Bernstein, sino más bien a lo contrario justamente, al abandono de las conquistas actuales por la sociedad burguesa. Por un lado, tenemos las instituciones democráticas que –y esto es muy importante– ya han desempeñado en un alto grado su papel para el desarrollo burgués. Y ello por cuanto fueron necesarios para la fusión de los pequeños estados y para la creación de los grandes estados modernos (Alemania e Italia), a la par que el desarrollo económico producía una unión orgánica interna.

Igual virtud han tenido con respecto a la transformación de toda la maquinaria, tanto política como administrativa, del Estado, convirtiéndolo de un mecanismo casi, o del todo, feudal, en uno capitalista. Esta transformación, históricamente inseparable de la democracia, ha llegado a desarrollarse en tal medida, que el ingrediente puramente democrático de la vida del Estado –el sufragio universal, la forma republicana– pudiera restarse de ella sin que fuera preciso que el ejército, la administración, las finanzas, retrocedieran a las formas premarxistas anteriores al año 1848.

De esta manera, el liberalismo como tal, ha llegado a ser para la sociedad burguesa hasta cierto punto superfluo, y aun en ciertos aspectos muy importantes, es más bien una impedimenta. Aquí se presentan a juicio dos factores que dominan directamente toda la vida política del Estado contemporáneo: la *política mundial* y el *movimiento obrero,* los cuales son solo dos aspectos, aunque diversos, de la actual fase de la evolución capitalista.

El grado de desarrollo alcanzado por la economía mundial, y la agravación y generalización de las luchas de competencia en el mercado internacional, han hecho del militarismo y el marinismo instrumentos de la política mundial, siendo ello lo que caracteriza el momento actual tanto en la política interior como exterior de los grandes Estados. Pero si la política mundial y el militarismo es una *tendencia en auge* dentro de la fase actual, lógicamente la democracia burguesa ha de marchar hacia el ocaso. En Alemania, tanto la era de los grandes armamentos –comenzada en 1893– como la política internacional, inaugurada con la toma de Kiau-Chau, hubo de pagarlas la democracia burguesa inmediatamente con dos víctimas: la decadencia del liberalismo y la conversión del centro, de partido de oposición que era, en partido gobernante. Las últimas elecciones al Reichstag, celebradas en 1907 bajo el signo de la política colonial, marcan, al propio tiempo, la muerte del liberalismo alemán.

Si la política exterior arroja a la burguesía en brazos de la reacción, otro tanto le sucede debido a la política interna y respecto a la clase trabajadora en auge. Bernstein reconoce esto al hacer responsable de la deserción de la burguesía liberal a la «leyenda devoradora»[9] socialdemócrata, esto es, a las tendencias socialistas de la clase trabajadora. Luego aconseja al proletariado sacar al liberalismo, muerto de miedo, de la madriguera de la reacción, abandonando para ello su final objetivo socialista. Por lo tanto, si el apartarse del movimiento obrero *socialista* ha de ser hoy la condición vital y precedente social necesario de la democracia burguesa, se demuestra con toda claridad que esta democracia contradice la tendencia interna del desarrollo de la sociedad actual, y ello, en igual medida que el movimiento obrero *socialista,* es un producto directo de esta tendencia.

Pero con esto demuestra aún algo más. Al pedir que la clase obrera renuncie al objetivo final socialista, por entender que este abandono es condición y precedente del resurgir de la democracia liberal, muestra Bernstein, por sí mismo, cuán poco la

---

[9] Con las palabras «Leyenda devoradora» *(Fresslegende)* Bernstein designa a aquella oratoria que pide una general, violenta y simultánea expropiación *(Neue Zeit,* 1898 y 1899).

democracia burguesa puede ser condición y precedente necesario para el movimiento y el triunfo socialista. Aquí su razonamiento se encierra en un círculo vicioso, en el cual la última deducción «devora» a lo que es su condición primera.

Pero la salida de este círculo vicioso es bien sencilla. Del hecho de que el liberalismo burgués haya fallecido de terror ante el movimiento obrero en auge y sus últimos objetivos, se desprende únicamente que el movimiento obrero socialista puede ser –y ya lo es hoy– el único apoyo de la democracia, y que no es la suerte del movimiento socialista, sino, por el contrario, la del desenvolvimiento democrático, la ligada al movimiento socialista. Por lo tanto, la democracia no se hallará en mejores condiciones de vida, según vaya abandonando la clase obrera su lucha de emancipación, sino que, por el contrario, aumentará su vigor en la proporción en que el movimiento socialista se haga más fuerte, luchando contra las consecuencias reaccionarias de la política mundial y contrarrestando la deserción burguesa de las filas liberales. Todo el que desee mayor fuerza en la democracia ha de querer, justamente, un fortalecimiento, no una debilitación del movimiento socialista, no debiendo olvidar jamás que el relegar las tendencias socialistas supone el abandono, por igual, de la democracia y del movimiento obrero.

III

La conquista del poder político

Los destinos de la democracia se hallan ligados, como ya hemos visto, a los del movimiento obrero. ¿Pero es que, aun en el mejor de los casos, el desenvolvimiento de la democracia llega a hacer innecesaria o imposible una revolución proletaria en el sentido de la toma del poder político, en el sentido de la conquista política del poder?

Para decidir esta cuestión Bernstein llega a una ponderación fundamental de los lados buenos y malos de la reforma legal y de la revolución, y calcula con tanto detalle y parsimonia, cual si se tratara de pesar clavo o canela en cualquiera de sus cooperativas de consumo.

Para él, si la evolución discurre por un cauce legal, será la obra del intelecto, y si por el revolucionario, la del sentimiento; en la obra de la reforma aprecia un método lento del progreso histórico, y en la revolución, uno rápido; en la legislación adivina una fuerza sistemática, y en la revuelta, una elemental.

Es cosa harto sabida que todo reformista pequeñoburgués cree ver en todas las cosas del mundo un lado «bueno» y otro «malo», y que también acostumbra a catar todos los platos. Igualmente se da por archisabido que el curso real de las cosas se preocupa bien poco de las combinaciones pequeñoburguesas, mandando a paseo, de un soplo, el montoncillo de «lados buenos», cuidadosamente libados de todas aquellas cosas que en el mundo son posibles. Así vemos, efectivamente, en la historia, que la reforma legal y la revolución tienen raíces más hondas que las ventajas o perjuicios que resultan de tal o cual experimento.

En la historia de la sociedad burguesa, la reforma legal sirvió para el fortalecimiento gradual de la clase entonces en forma, que se sentía bastante madura para conquistar el poder político, destruyendo todo el sistema jurídico entonces existente para edificar uno nuevo. Tronando contra la conquista del poder político por entenderla una teoría blanquista de violencia, Bernstein tiene la desgracia de tomar por error de cálculo, propio de los partidarios de Blanqui, lo que fue, durante siglos, piedra angular y motor de la historia humana. Desde que existen las sociedades de clase, y las luchas de estas clases forman el contenido esencial de la historia social, la conquista del poder fue siempre el fin principal de todas las clases que se saben en forma, así como el punto de declinación y fin de todo periodo histórico. Y ello lo vemos en Roma, en las largas luchas de los labriegos contra la nobleza y los poseedores de dinero; en las ciudades medievales, en las luchas del patriciado con los obispos, y de los artesanos con los patricios; en la Edad Moderna, en las luchas de la burguesía con el feudalismo.

La reforma legal y la revolución no son, pues, diversos métodos del progreso histórico que a placer podemos elegir en la despensa de la historia, sino *momentos* distintos del desenvolvimiento de la sociedad de clases, los cuales mutuamente se condicionan o completan, pero al mismo tiempo se excluyen, como, por ejemplo, el Polo Norte y el Polo Sur, burguesía y proletariado.

La constitución legal es, en todo tiempo, un producto de la revolución, simplemente. Siendo esta la que marca el momento del parto en la historia de las clases, la legislación no es más que la floración política de la sociedad. La obra legal de reforma carece en sí de todo impulso propio e independiente de la revolución; en cualquier periodo histórico se mueve aquella solamente en sentido determinado y en tanto dura el efecto del último puntapié, del último empujón que la revolución le dio; o hablando más concretamente, obrará dentro del marco de la última forma social traída al mundo por la última revolución. Ese es el punto capital de la cuestión.

Es fundamentalmente falso y totalmente ahistórico el imaginarse la obra de reforma legal simplemente como si fuera la revolución ampliada, y la revolución como una reforma legal comprimida. Una revolución social y una reforma legal no son diversos momentos por lo que *duren,* sino por su *esencia.* Todo el secreto de las transformaciones históricas a través del ejercicio del poder político está justamente en el paso de los cambios puramente cuantitativos en una nueva calidad; o concretando, en el tránsito de un periodo de la historia, de un orden social, a otro.

Por lo tanto, quien para transformar la sociedad se decide por el camino de la reforma legal, *en lugar* y *en oposición* a la conquista del poder, no emprende, realmente, un camino más descansado, más seguro, aunque más largo, que conduce al *mismo* fin, sino que, al propio tiempo, elige distinta meta; es decir, quiere, en lugar de la creación de un nuevo orden social, simples cambios, no esenciales, en la sociedad ya existente. Así, tanto de las concepciones políticas del revisionismo como de sus teorías económicas, llegamos a una misma conclusión: que estas no tienden, en el fondo, a la realización del orden *socialista,* sino simplemente a la reforma del *capitalista;* que no quieren la desaparición del sistema de salario, sino el más o el menos de explotación. En una palabra: pretenden la aminoración de los excesos capitalistas, pero no la destrucción del capitalismo mismo. ¿Pero es que acaso las frases dichas anteriormente sobre la función de las reformas sociales y de la revolución mantienen su justeza solamente en cuanto a las actuales luchas de clases? ¿Es que acaso, desde ahora y gracias al perfeccionamiento del sistema jurídico burgués, la reforma legal, el tránsito de la sociedad de una fase histórica a otra determinada, y la conquista del poder por el proletariado «se han convertido en frases sin sentido», como dice Bernstein en su libro?

El caso es justamente lo contrario. ¿Qué característica distingue a la sociedad burguesa de las anteriores sociedades de clase —de la antigua y de la medieval—? Precisamente la circunstancia de que el dominio de clase no descansa sobre «derechos bien adquiridos», sino sobre *relaciones efectivas de orden económico;* y de que el sistema de salario no es una relación jurídica, sino simplemente económica. No se encontrará en todo nuestro sistema jurídico una fórmula legal que corresponda a la actual dominación de clase. Si queda alguna, será, como la ley de servidumbre, resto de las relaciones feudales.

¿Cómo se puede, pues, anular «por el camino legal» y gradualmente la esclavitud del salario, si no está expresada en ninguna ley? Al acomodarse Bernstein a la obra de reforma legal, trata de poner fin, por este camino, al capitalismo; pero cae en la postura de aquel polizonte ruso, cuya historia cuenta Uspénski:

«[...] Cojo en seguida al individuo por el cuello, y ¿qué creéis que ocurrió? Pues nada; que el maldito no tenía cuello»... Una cosa así le ocurre a Bernstein.

«Toda la sociedad que hasta el presente ha existido descansó sobre el antagonismo de las clases opresora y oprimida.» (*Manifiesto comunista,* Publicaciones Teivos, p. 36.) Pero en las fases anteriores de la sociedad moderna, este antagonismo fue expresado en determinadas relaciones jurídicas e incluso pudo por ello, y hasta cierto grado, dar lugar, dentro del marco de las antiguas relaciones, a las modernas. «El siervo se ha convertido, sin salir de su servidumbre, en miembro de la comuna.» (*Ibid.,* p. 38.)

¿Y cómo pudo ser así? Por la abolición gradual, dentro del recinto de la ciudad, de todo aquel cúmulo de derechos independientes entre sí: las frondas, kurmedos, parentela, mañería, capitación, luctuosa, etc., cuyo conjunto constituía la servidumbre.

De igual manera, «el habitante» de las pequeñas villas se convertía en burgués bajo el yugo del absolutismo feudal. *(Ibid.)* ¿Y en qué forma? Por la abolición formal y gradual o por el relajamiento efectivo de las ligaduras gremiales; por la lenta transformación de la administración, del ejército o la finanza en la proporción de una general conveniencia.

Si se quiere tratar la cuestión en forma abstracta más bien que históricamente, entonces debemos pensar, al menos, en un tránsito legal y reformista de la sociedad feudal a la burguesa. Pero ¿qué se desprende de ello? Que allí las reformas legales tampoco sirvieron para hacer innecesaria la conquista del poder político por la burguesía, sino que, por el contrario, prepararon y dieron posibilidad a esta conquista. Una revolución política y social completa era precisa, tanto para la abolición de la servidumbre, como para la destrucción del feudalismo.

Pero las cosas se presentan hoy de distinta manera. Ahora no existe ninguna ley que obligue al proletariado a someterse al yugo del capital; solo le lleva a ello la necesidad, la carencia de medios de producción. Ninguna ley en el mundo puede, dentro del marco de la sociedad burguesa, otorgarle estos medios, porque se le despojó de ellos, no por ley alguna, sino por el desenvolvimiento económico.

Además, la explotación *por medio* de las relaciones del salario no descansa sobre leyes, pues que la altura del salario no se determina por vía legal, sino por factores económicos. Y el hecho mismo de la explotación no se apoya sobre una disposición legal, sino sobre la realidad económica de que la fuerza de trabajo se presenta como mercancía que, entre otras cualidades, tiene la positiva de producir valor y, más aún *supervalor* o plusvalía, al ser pagado el obrero con medios de subsistencia. En una palabra: todas las relaciones básicas del dominio capitalista de clase no pueden ser transformadas por medio de reformas legales y sobre una base burguesa, por la sencilla razón de que estas relaciones no han sido consecuencia de leyes burguesas, ni estas leyes les han dado su fisonomía. Bernstein no sabe esto cuando plantea una «reforma» socialista. Pero, aun no sabiéndolo, lo dice al escribir en su libro que «la razón económica se presenta hoy francamente donde antes se disfrazaba con relaciones de dominio o ideologías de todas clases».

Pero aun hay más: la otra particularidad del sistema es que en ella todos los elementos de la sociedad futura toman, al desenvolverse, primeramente una forma que no les acerca al socialismo, sino que les aleja de él. En la producción se manifiesta más y más su carácter social. ¿Pero en qué forma? En la de gran empresa, de sociedad anónima, de cártel, allí donde las contradicciones capitalistas, la explotación y el sometimiento de la fuerza de trabajo han llegado al máximo.

En cuanto al ejército, este desarrollo implica la extensión del servicio militar obligatorio, el acortamiento del tiempo de servicio; es decir, la aproximación material al ejército popular. Y esto en la forma del militarismo moderno, precisamente cuando el dominio del pueblo, a través del Estado militar, cuando el carácter de clase del Estado llega a su más clara expresión.

En las relaciones políticas, y en tanto que encuentra condiciones favorables, el desarrollo de la democracia conduce a la participación de todas las clases del pueblo en la vida política; es decir, en cierto modo, al «Estado popular». Y ello en la forma del parlamentarismo burgués, cuando los antagonismos de clase, el dominio de clase, no han sido abolidos, sino más bien multiplicados y puestos en evidencia. Porque si el desarrollo capitalista vive, por tanto, en contradicciones y, por consiguiente, hay que mondar el fruto de la sociedad, quitándole la cáscara contradictoria que le cubre, será una razón más para entender necesarias, tanto la conquista del poder político por el proletariado, como la abolición total del sistema capitalista.

Cierto que Bernstein saca otras conclusiones. Si el desarrollo de la democracia llevara a la agravación y no al debilitamiento de las contradicciones capitalistas, «entonces –nos contesta– la socialdemocracia, si no quiere dificultarse a sí misma el trabajo, tenderá a anular, con todas sus fuerzas, cualquier reforma social o el crecimiento de las instituciones democráticas». Ello, desde luego, si la socialdemocracia, hoy todavía pequeñoburguesa, encontrara placer en el tranquilo pasatiempo de elegir todos los lados buenos y descartar todos los lados malos de la historia. Entonces debiera «tender, lógicamente, a inutilizar» también al capitalismo en general, puesto que indudablemente este es el principal malvado que le pone tantos obstáculos en el camino del socialismo. Realmente, el capitalismo, al propio tiempo que pone *impedimentos,* da también las *posibilidades* de realizar el programa socialista. Otro tanto cabe decir con respecto a la democracia.

Si la democracia es, en parte, superflua para la burguesía, y en parte hasta un obstáculo, en cambio para la clase trabajadora es necesaria e indispensable. Y lo es en primer lugar porque crea formas políticas (autonomía, sufragio, etc.) que pueden servir de comienzos y puntos de apoyo al proletariado en su transformación de la sociedad burguesa. Pero, además, es indispensable, porque solo en ella, en la lucha por la democracia, en el ejercicio de sus derechos, el proletariado puede llegar al verdadero conocimiento de sus intereses de clase y de sus deberes históricos.

En una palabra: la democracia es indispensable, no porque la haga *innecesaria* la conquista del poder político por el proletariado, sino, al contrario, porque hace *indispensable* y *posible* la conquista del poder. Cuando Engels revisó en su prefacio a *La guerra civil en Francia* la táctica del movimiento obrero actual, y opuso a las barricadas la lucha legal, no trataba –*y así se desprende de cualquier línea de ese prólogo*– la cuestión de la conquista del poder político, sino la de la actual lucha cotidiana; no la conducta del proletariado frente al Estado capitalista en el momento de la toma del poder estatal, sino su proceder dentro del *marco* de la sociedad capitalista. En resumen: Engels dio la pauta al proletariado *dominado,* pero no al vencedor[10].

---

[10] Quien conozca la falsificación que la directiva del partido socialdemócrata hizo, en 1895, de este prefacio de Engels –falsificación descubierta hace pocos años por Riazanof–, observará con alegría que Rosa Luxemburgo adivinaba ya el verdadero sentido del texto falseado. Lástima que no conociera el original, pues sus opiniones hubieran tenido una claridad mayor. Los conceptos proletario dominado y triunfante, quedan bastante oscuros. Acaso hubiera sido preferible las expresiones «proletariado impotente y proletariado fuerte, dispuesto a dar la batalla decisiva». *[N. del T.]*

Un sentido distinto encierra la conocida frase de Marx con respecto a la cuestión del suelo en Inglaterra, la cual saca a colación Bernstein: «De seguro resultaría más barato comprar la tierra a los propietarios»; puesto que no se refiere a la conducta del proletariado antes de su victoria, sino después de triunfar. Pues no puede hablarse de «compras» a la clase dominante hasta tanto que la clase obrera esté en el poder. Lo que Marx plantea aquí es el ejercicio pacífico de la dictadura proletaria, y no el sustitutivo de esta dictadura a base de reformas sociales.

La necesidad misma de la conquista del poder político por el proletariado estuvo en todo momento, tanto para Marx como para Engels, fuera de duda. Y a Bernstein quedó reservado el considerar el cotarro del parlamentarismo burgués como el órgano llamado a realizar la transformación más grande del mundo: el tránsito de la sociedad, de su forma *capitalista,* a la *socialista.*

Pero Bernstein empieza su teoría con la duda y el temor de si el proletariado no tomará el timón antes de tiempo. En este caso, debiera, según Bernstein, respetar las circunstancias burguesas tal como se hallan, e incluso no importarnos una derrota, que pudiera ser beneficiosa. Mas lo que en primer lugar se desprende de este temor es el consejo «práctico» que al proletariado da para el caso de que las circunstancias le llevaran a empuñar el timón: echarse a dormir. Con esto se juzga por sí mismo el consejo como interpretación que condena al proletariado, en las fases más importantes de la lucha, a la inactividad, a la traición pasiva hacia su propia causa.

Verdaderamente, sería nuestro programa un mísero papelucho si no sirviera para *todas* las circunstancias y para *todos* los momentos de la lucha, y su utilidad no se demostrara realmente *cumpliéndolo,* no recitándolo. Pero si nuestro programa significa el sometimiento a fórmulas del desarrollo histórico de la sociedad en su trayectoria de capitalismo a socialismo, estudia también claramente todas las fases transitorias de este desenvolvimiento, concretando en sí los rasgos más esenciales, es decir, indicando al proletariado la actitud que ha de adoptar en cual-

Segunda parte. La conquista del poder político

quier momento para acercarse al socialismo. De ello resulta que para la clase obrera *no puede* existir ocasión en que se vea obligada a abandonar su programa o verse abandonada por él.

Prácticamente esto se manifiesta en el hecho de que el proletariado no puede admitir la llegada de un momento en que, empujado al poder por el curso de las cosas, no se considere obligado, dada la situación, a adoptar ciertas medidas para la realización de su programa, ciertas medidas transitorias, pero de un sentido socialista. Tras de la afirmación bernsteiniana de que el programa socialista pudiera, en un momento dado, fallar completamente en cuanto al dominio político del proletariado, no dando indicación alguna para su ejecución, se oculta inconscientemente esta otra afirmación: *el programa socialista es, en general y en todo momento, irrealizable.*

¿Y si estas medidas transitorias resultan prematuras? Esta cuestión oculta en sí toda una madeja de opiniones equivocadas con respecto al curso efectivo de las revoluciones sociales.

La toma por el proletariado del poder estatal, esto es, por una gran clase popular, no es un algo artificioso. Si exceptuamos aquellos casos en que como la Comuna de París– el dominio del proletariado no fue consecuencia de una lucha consciente del objetivo a conquistar, sino que, más bien y por excepción, el poder fue una cosa abandonada de todos y que no encontraba dueño, la conquista del poder político supone un determinado grado de madurez en las relaciones político-económicas. Aquí se halla la diferencia fundamental entre el golpe de Estado blanquista –obra de una «minoría decidida», dispuesta a actuar en cualquier momento y, por lo tanto, siempre a destiempo–[11] y la

---

[11] Aquí, Rosa Luxemburgo sufre con el blanquismo la equivocación común a su época. Los blanquistas no fueron nunca partidarios del *putsch* simplemente, sin que en ningún momento las masas participaran del movimiento. Mas creyeron que estas serían arrastradas por la acción revolucionaria de una minoría decidida. La principal equivocación blanquista, según Marx, estuvo en no considerar necesaria la previa preparación revolucionaria de la clase obrera.

conquista del poder del Estado por una masa popular amplia y consciente, conquista que solo puede ser producto de un derrumbe progresivo de la sociedad burguesa, por lo cual lleva en sí la legitimidad económico-política de un fenómeno inevitable en el tiempo.

Y si, por tanto, desde el punto de vista de las condiciones sociales la conquista del poder político por la clase trabajadora jamás podrá realizarse si el momento es «demasiado prematuro», tendremos que, lógicamente, sí podrá llevarse a cabo desde el punto de vista del efecto político de la *conservación* en el poder, aun cuando necesariamente resulte «demasiado prematura». Esta revolución demasiado temprana que quita el sueño a Bernstein, nos amenaza como la espada de Damocles, y contra ella no valen ruegos ni miramientos, ciertamente por dos razones muy importantes.

Primero, si existe una revolución social tan poderosa como es el paso del orden capitalista al socialista, no puede concebirse como cosa de un momento y debido a un golpe victorioso del proletariado. Aceptarlo como posible será, en verdad, dar a luz una interpretación perfectamente blanquista. La revolución socialista supone una lucha larga y tenaz, en la cual el proletariado, según todas las probabilidades, más de una vez habrá de ceder terreno por haber tomado el timón –hablando desde el punto de vista del resultado final de la lucha en su conjunto– en tiempos «demasiado prematuros».

Pero, en segundo lugar, estos «prematuros» asaltos al poder del Estado, son, asimismo, inevitables, puesto que esos ataques

---

Un estudio sobre la verdadera naturaleza del blanquismo hubiera dado a Rosa Luxemburgo grandes argumentos para combatir al reformismo. Las faltas atribuidas al blanquismo por Marx y Engels, después de la Comuna del 1871, es decir, su inclinación *putschista,* se aplicaron a la teoría en general, convirtiéndola los reformistas en espectro terrífico que había de frenar el instinto revolucionario de la clase obrera. El mérito del blanquismo estuvo en reconocer la importancia de la rebelión armada. [*N. del T.*]

Segunda parte. La conquista del poder político

«tempranos» constituyen por sí mismo un factor muy importante que ha de crear las condiciones *políticas* necesarias para el triunfo final y, además, porque la clase obrera, bien en el curso de aquella crisis política que acompañará a su conquista del poder, bien en el fuego de luchas más largas y sostenidas, puede adquirir el necesario grado de madurez política que le capacite para la gran revolución final.

Así pues, aquellas luchas «prematuras» del proletariado por la conquista del poder, se presentan incluso como momentos históricos e importantes que colaboran en la creación del *momento* de triunfo último. Desde *este* aspecto, la idea de una conquista «prematura» del poder político por la clase trabajadora se presenta como un contrasentido político, que tiene su origen en aceptar un desenvolvimiento mecánico de la sociedad y en suponer un momento determinado para el triunfo en la lucha de clases, pero al *margen* e *independiente* de esta lucha.

Mas como el proletariado no puede, por tanto, conquistar el poder en otra forma, sino como algo «demasiado prematuro»; o dicho en otras palabras, como quiera que lo ha de conquistar una o varias veces, pero sin que sepa cuántas, si bien, siempre en forma «demasiado prematura», para luego tomarlo, al fin, con carácter permanente, la oposición a esta *prematura* conquista del poder no es más que *la oposición, en general, a la tendencia del proletariado a apoderarse del poder del Estado.*

Si por todas partes se llega a Roma, también desde este punto llegaremos al lógico resultado de que el consejo revisionista de abandonar el *objetivo final* socialista lleva al otro punto: al abandono total del *movimiento* socialista.

IV

El derrumbamiento

Bernstein empieza su revisión del programa socialdemócrata con el abandono de la fe en el derrumbamiento capitalista. Pero como el derrumbe de la sociedad burguesa es la piedra angular del socialismo científico, alejarse de este punto capital llevaría, lógicamente, al desmoronamiento de toda la concepción socialista. En el curso del debate, y para mantener su primera afirmación, va cediendo, una tras otra, todas las posiciones socialistas.

Como sin catástrofe del capitalismo es imposible la expropiación de la clase capitalista, Bernstein renuncia a esta expropiación, y pone como *fin del movimiento* obrero la realización gradual del «principio cooperativista».

Pero como el cooperativismo no es posible dentro de la producción capitalista, también Bernstein renuncia a socializar la producción, y llega a la reforma del comercio sobre la base de cooperativas de consumo.

Pero como la transformación de la sociedad por medio de estas cooperativas del brazo de los sindicatos no concuerda con el desarrollo material y efectivo de la sociedad capitalista, Bernstein niega también la concepción materialista de la historia.

Pero como su concepto del curso del desarrollo económico no se aviene con la ley marxista de la plusvalía, Bernstein abandona la teoría del valor y la de la plusvalía, es decir, toda la doctrina económica de Marx.

Pero como sin objetivo final y sin base económica la lucha de clases del proletariado no puede existir en la sociedad actual, Bernstein renuncia igualmente a esta lucha clasista y pide la reconciliación con el liberalismo burgués.

Pero como en una sociedad de clases la lucha de estas en un fenómeno natural e inevitable, Bernstein, en ulterior consecuencia, combate hasta la existencia de las clases en esta sociedad. Para él, la clase trabajadora no es más que un montón de individuos aislados, sin trabazón política ni espiritual, cuanto menos económica. Y según él, la burguesía tampoco se halla unidad políticamente por intereses económicos, sino simplemente por una fuerza exterior, venga de abajo o de arriba. Luego si no hay base económica para una lucha de clases y, en resumidas cuentas, tampoco existen las clases, la lucha futura entre proletariado y burguesía se presenta tan absurda como la tenida hasta ahora, y la socialdemocracia, con sus triunfos y todo, será algo inconcebible. Mas si hubiera que interpretarla, sería solamente como resultado de la opresión política del gobierno; no como consecuencia legítima del desenvolvimiento histórico, sino como producto azaroso de la conducta hohenzollerniana; no como hijo legítimo de la sociedad capitalista, sino como bastardo de la reacción. Así Bernstein nos lleva, con lógica que él entenderá aplastante, de la concepción materialista de la historia al ideario de la *Frankfurter Zeitung* o de la *Vossischer Zeitung*.

Pero después de haber negado en su totalidad la crítica socialista de la actual sociedad, aun le queda por encontrar agradable lo existente, al menos en su conjunto. Y Bernstein no se arredra por carta de más. Para él, la reacción no es demasiado violenta en Alemania. «En los países occidentales de Europa, la reacción apenas existe»; en casi todos estos países «la actitud de la clase burguesa ante el movimiento socialista es, todo lo más, defensiva, pero nunca de opresión» (*Vorwärts,* 26 de marzo de 1899). Los obreros no son cada vez más pobres, sino que, por el con-

Segunda parte. El derrumbamiento

trario, van siendo dueños de algo; la burguesía, políticamente, es progresista, y hasta moralmente sana; ya no se ve reacción ni opresión, y todo va mejor en el mejor de los mundos...

Y así Bernstein, con lógicas deducciones, no deja registro por tocar. Empezó demostrando que había que renunciar al *objetivo final socialista,* y ello en beneficio solo del movimiento. Mas como sin un objetivo final socialista no puede haber movimiento socialdemócrata, concluye tirando por la borda hasta ese mismo *movimiento.*

Toda la concepción socialista de Bernstein queda fracasada, por lo tanto. El firme, maravilloso y simétrico edificio del sistema marxista queda convertido, en Bernstein, para siempre, en un montón de cascotes, en una escombrera de todas las teorías, en el derrumbadero común a que se arrojan pensamientos escogidos al azar entre los grandes y pequeños pensadores: Marx y Proudhon; Leon von Buch y Franz Oppenheimer; Friedrich Albert Lange y Kant; Herr Prokopovich y el doctor Ritter von Neupauer; Herkner y Schulze-Gävernitz; Lassalle y el profesor Julius Wolff; todos, todos contribuyen con su óbolo a crear el sistema bernsteiniano, y en el campo de todos ha espigado Bernstein. ¡No hay que maravillarse! Pues con el abandono del punto de vista clasista ha perdido el compás político, y con la renuncia al socialismo científico le falta el eje de cristalización espiritual, no pudiendo agrupar los hechos aislados en el total orgánico de una visión mundial y lógica.

Esta teoría formada de trozos elegidos a capricho y pertenecientes a otros sistemas, parece, a primera vista, hallarse libre de prejuicios. Bernstein no quiere oír hablar de una «ciencia de partido», o, más justamente, de una «ciencia de clase», así como tampoco de un liberalismo y de una moral de clase. Cree defender y representar una ciencia humana común, abstracta; un liberalismo abstracto, una moral abstracta. Pero como la sociedad viva se compone de clases con tendencias, intereses y concepciones diametralmente opuestos, tenemos que, hoy por hoy, una ciencia humana, común en cuanto a las cuestiones sociales; un liberalismo abstracto, una moral abstracta, son una fantasía, es engañarse a sí mismo. Lo que Bernstein tiene por ciencia humana común, por moral, por democracia, es, sencillamente, la ciencia, la democracia y la moral burguesa.

En efecto: al negar el sistema económico de Marx para abrazar las teorías de Brentano, Böhm-Bawerk, Jevons, Say y Julius Wolff, ¿qué hace si no cambiar los principios científicos de la emancipación proletaria por la apología de la sociedad burguesa? Cuando habla del carácter humano y general del liberalismo y convierte el socialismo en un derivado de este, ¿qué otra cosa hace más que despojar al socialismo de su carácter de clase, es decir, de su contenido histórico, del contenido en general, convirtiendo, por tanto, a la burguesía en arca histórica y vehículo del liberalismo, en la representante de los intereses humanos en general?

Y cuando habla en contra de «la exaltación de los factores materiales como fuerzas omnipotentes del desenvolvimiento»; cuando despotrica contra «el desprecio del ideal», propio de la socialdemocracia; cuando defiende el idealismo y la moral, combatiendo, al propio tiempo, la única fuente de resurrección espiritual del proletariado, la lucha de clases revolucionaria, ¿qué hace, en verdad, si no predicar a la clase trabajadora lo que es quintaesencia de la moral burguesa: la reconciliación con el orden existente, y confiar sus esperanzas en el más allá, en un mundo religioso más justo?

Al dirigir sus más afilados dardos contra la dialéctica, no hace más que combatir el pensamiento específico de un proletariado con conciencia de clase; ir en contra de la espada que ha de ayudar a la clase obrera a desgarrar las tinieblas de su porvenir histórico; mellar el alma espiritual con la cual, aun siguiendo sujeto materialmente a su yugo, el obrero derrota a la burguesía, puesto que la convence del carácter efímero y temporal de la sociedad actual, de la ineluctabilidad del triunfo proletario, hecha ya la revolución en el reino del espíritu. Despidiéndose Bernstein de la dialéctica y subiendo al balancín intelectual de

Segunda parte. El derrumbamiento

los peros y quizá, de los noes y de los síes, de los aunque y sin embargo, de los menos y de los más, cae lógicamente en la ideología, históricamente limitada, de la burguesía en decadencia; forma de pensar que es fiel reflejo espiritual de su existencia social, de su actuación política. Las disyuntivas y dudas de la burguesía actual recuerdan perfectamente la forma de razonar propia de Bernstein, y su lógica es la muestra más fina y segura de la concepción burguesa y universal que le es propia.

Mas para Bernstein ya la palabra «burgués» ha perdido su significación de clase y expresa un concepto social de carácter general. Esto solo indica que la ciencia, la moral, la política, el pensamiento e incluso el lenguaje proletario, los ha trocado por el pensamiento, la ciencia, la moral y la política, burgueses. Cuando Bernstein vuelve a la palabra «burgués» su antigua significación antifeudal, ciudadana, lo hace para acabar hasta con los antagonismos verbales. Para él, el hombre es simplemente un burgués, y la sociedad humana solo debe ser burguesa.

V

El oportunismo en la teoría y en la práctica

Tanto en Alemania como en los demás países, el libro de Bernstein ha tenido una gran significación histórica para el movimiento obrero. Fue el primer intento llevado a cabo para dar una base teórica a las corrientes reformistas aparecidas en la socialdemocracia. En nuestro movimiento, estas corrientes reformistas datan de un tiempo más largo, si consideramos sus manifestaciones esporádicas. Por ejemplo, en la subvención a la flota mercante[12]. Pero una corriente en este sentido marcada y uniforme, data solo desde principios del año 1890, a partir de la caída de la ley de los socialistas y de la reconquista de la legalidad para el partido. El socialismo de Estado, de Vollmar[13]; la votación

---

[12] En 1885, estando en vigor la ley de los socialistas, que mantenía al partido en la ilegalidad, la fracción parlamentaria socialdemócrata votó una subvención de cinco millones de marcos a las líneas de vapores, manteniendo con ello un punto de vista completamente reformista y justificándolo con argumentos que más tarde sirvieron para la más reaccionaria defensa del imperialismo. *[N. del T.]*

[13] Vollmar, líder de los reformistas, que anteriormente había figurado en el ala radical del partido, dio un cambio de frente a la caída de Bismarck y de la ley de los socialistas, en 1890, defendiendo la posibilidad de un «Estado sin clases», por encima de estas y árbitro de las luchas entre el capital y trabajo. A la intervención del Estado en las contiendas sociales y en el desarrollo de la economía nacional, lo llamó Vollmar «socialismo del Estado». *[N. del T.]*

del presupuesto bávaro[14]; el socialismo agrario de la Alemania meridional[15]; los proyectos de compensación de Heine[16]; el punto de vista de Schippel con respecto a las milicias y las aduanas[17]:

---

[14] Dado el escaso desarrollo industrial del sur de Alemania, la lucha de clases no estaba allí tan agudizada como en otras partes del país. Dedicado el oportunismo a la caza de votos para las elecciones, hacía caso omiso del principio socialista cuando este podía entorpecer el triunfo de sus candidatos. En la Dieta bávara, la fracción socialdemócrata aprobó el presupuesto del reino –favorable a los grandes y medianos agricultores– en condiciones que suponían un pleno voto de confianza al gobierno de Baviera, es decir, a un gobierno de clase, lo cual estaba en abierta contradicción con la teoría socialista. *[N. del T.]*

[15] Sobre el socialismo agrario bávaro, véase el prólogo de este libro.

[16] Apoyado en el revisionismo teórico de Bernstein, el oportunismo llegó a los mayores excesos. En las elecciones al Reichstag, celebradas en 1898, Heine se presentó candidato por un distrito de Berlín. En un discurso electoral, tratando de la cuestión militar, se manifestó partidario de una «política de compensación». Se mostró dispuesto a acceder a las pretensiones militares del gobierno, a cambio de concesiones democráticas. Descartado por el revisionismo el objetivo final socialista, es decir, la conquista del poder por el proletariado, la concesión de cañones no podría perjudicar a la clase obrera, puesto que el socialismo se verificaría por simple evolución de la sociedad actual, lo cual pondría automáticamente el poder militar en manos socialistas. Frente a esta opinión se manifestó el ala radical, que creía en la inevitabilidad de la revolución proletaria, constituyendo, por tanto, todo fortalecimiento del aparato militar un impedimento más para la realización del fin último. *[N. del T.]*

[17] En el Congreso de Stuttgart (1898), Schippel tuvo a su cargo la ponencia sobre política aduanera y comercial. Su opinión fue favorable a una política proteccionista para la industria, justificándola con la necesidad de proteger al obrero alemán de la competencia de las industrias extranjeras. El oportunismo sacrificaba una vez más el principio socialista en beneficio de los intereses momentáneos e inmediatos, y se resistía a aceptar el carácter reaccionario del actual proteccionismo, que tiende a un fraccionamiento del mercado universal, dominado en tiempos por el libre cambio, y permite la constitución del trust, monopolios, etc.; es decir, la explotación desmedida del consumidor nacional y la lucha por los mercados en el exterior, con acritud desconocida en la época librecambista. Y se explica ello por cuanto los aranceles hoy día tienden a proteger a la agricultura nacional, que marca libremente sus precios dentro de cada país, y a los artículos industriales susceptibles de exportación, que consiguen así en el mercado interior, precios tan remuneradores que permiten exportar el sobrante a precios bajísimos. *[N. del T.]*

Segunda parte. El oportunismo en la teoría y en la práctica

he ahí los hitos que marcan el camino recorrido por la práctica oportunista.

¿Y qué es lo que principalmente la caracteriza en su exterior? Su hostilidad contra la *teoría*. Y esto es muy natural, pues que nuestra «teoría», es decir, los principios del socialismo científico establecen líneas marcadísimas para la actividad práctica, tanto con respecto a los *fines,* como a los *medios* de lucha a emplear y a la forma de combatir. Por ello se muestra en aquellos que no pretenden conseguir más que resultados prácticos, la tendencia natural a pedir libertad de movimientos, esto es, a separar la «teoría» de la práctica, a independizarse de aquella. Porque esta teoría se vuelve contra ellos en todo momento. El socialismo de Estado, el socialismo agrario, la política de compensación, la cuestión de las milicias, son otras tantas derrotas para el oportunismo. Está claro que esta corriente quisiera afirmarse frente a nuestros principios, llegando incluso a oponerse a la misma teoría, y en lugar de ignorarla, tratar de destruirla, confeccionando una teoría propia. Y un intento en este camino fue precisamente la teoría bernsteiniana, y de ahí por qué, en el Congreso de Stuttgart, se agruparon al momento, en derredor de la bandera de Bernstein, todos los elementos oportunistas. Si, por una parte, las corrientes oportunistas de este señor resultan, en la práctica, fenómenos naturales y comprensibles, surgidos de las condiciones de nuestra lucha y de las proporciones que toma, por otra parte, la teoría de Bernstein es un ensayo, no menos comprensible, de agrupar estas corrientes en una expresión general teórica, para sentar sus propias bases científicas y liquidar de una vez el socialismo marxista. Por ello, la nueva teoría fue, de antemano, la prueba del fuego a que se sometía el oportunismo teórico para llegar a su legitimación científica.

¿Cómo ha resistido esta prueba? Ya lo hemos visto. El oportunismo no es capaz de oponer una teoría positiva que resista en cierto modo la crítica. Todo lo que puede hacer es combatir la teoría marxista, previo desglose de sus diversos principios, para luego, y puesto que este sistema representa un todo armónico y encajado, destruir el edificio en total, desde la azotea hasta los cimientos. Con ello se demuestra que la práctica oportunista es, en esencia y en su fundamentación, incompatible con el sistema marxista.

Y se demuestra, además, que el oportunismo es del todo incompatible con el socialismo, por cuanto su tendencia interna se encamina a encauzar el movimiento obrero por caminos burgueses, esto es, a paralizar completamente la lucha proletaria de clases. Ciertamente que esta lucha de clases, si no se entiende como proceso histórico, no puede identificarse completamente con el sistema marxista. También antes de Marx e independiente de él, han existido un movimiento obrero y diversos sistemas socialistas. Cada uno de estos dio, a su modo y en relación con la época, expresión teórica a los anhelos de emancipación de la clase trabajadora. Basar el socialismo sobre un concepto moral de justicia; luchar contra el modo de participación, en lugar de combatir la forma de producción capitalista; concebir los antagonismos de clase, como contraste entre pobre y rico; tender a injertar el «cooperativismo» en la economía capitalista, todo esto que encontramos en Bernstein, todo esto, ya ha existido. Y estas teorías fueron en sus momentos, aun con todas las deficiencias, teorías que influyeron sobre la lucha de clases del proletariado. Fueron los gigantescos andadores en que este aprendió a marchar sobre el escenario histórico.

Pero luego que el desenvolvimiento de la lucha de clases misma y su trascendencia social han llevado a olvidar estas teorías idealistas y a formular las bases del socialismo científico, ¿es posible –al menos en Alemania– otro socialismo que no sea el marxista, una lucha de clases al margen de la socialdemocracia? Cada vez más se identifican socialismo y marxismo, lucha de emancipación obrera y socialdemocracia. El retroceso a las teorías socialistas anteriores a Marx no significa siquiera volver a los gigantescos andadores del proletariado, no; es calzarse nuevamente las raquíticas y gastadas zapatillas de la burguesía.

La teoría de Bernstein ha sido el primero y último intento de dar al oportunismo una base científica. Y decimos el último, porque este oportunismo ha ido tan lejos, tanto negativamente al abjurar del socialismo científico, como positivamente al condimentar su potaje teórico confusionista; este oportunismo ha ido tan lejos en Bernstein, que a estas alturas ya cumplió todos sus fines. Al plasmarse en un sistema, ha expuesto teóricamente su futuro; ha sacado sus últimas consecuencias.

La doctrina marxista no solo es capaz de refutarles en el terreno teórico, sino que es también la única que se halla en condiciones de explicar el oportunismo como fenómeno histórico en la Revolución del partido. No hay que considerar el avance histórico del proletariado en el mundo, el avance hasta la victoria final, como «cosa tan simple». Toda la particularidad de este movimiento consiste en que aquí, por vez primera en la historia, por sí mismas las masas, incluso en contra de las clases dominantes, ejercen su voluntad; pero esta voluntad han de ponerla en el ocaso de la sociedad actual, más allá de esta misma sociedad. Mas esta voluntad ha de imponerla la masa una vez y otra, luchando continuamente con el orden actual y dentro del marco de este. Procurar la comunión de la masa con la gran transformación del mundo: he ahí el vasto problema que toca resolver a la socialdemocracia. Deber nuestro es luchar sin desmayo, manteniendo firmes en la ruta marcada por el marxismo. Ruta que guardan, celosos y amenazantes, dos escollos: el del abandono de su carácter de masa y el del olvido del objetivo final; el de la recaída en la secta y el de su naufragio en el movimiento reformista burgués; el del anarquismo y el del oportunismo.

Bien es verdad que el arsenal teórico de la doctrina marxista nos prestó, hace medio siglo, armas perfectas que aseguraban el triunfo sobre uno y otro enemigo. Mas como quiera que nuestro movimiento es movimiento de masas, y los peligros que le amenazan no proceden de las cabezas humanas, sino de las condiciones sociales, no es de extrañar que las extravagancias oportunistas y anarquistas volvieran a la carga, a pesar de las repetidas derrotas que nuestra teoría marxista les promete. Hecha carne a la teoría por la fuerza de la práctica, el movimiento mismo –siempre con las armas de Marx– tendrá poder para impedir toda desviación, todo asalto de los elementos intrusos. El peligro menos importante –el sarampión anarquista– pasó ya con el «movimiento de los independientes»[18]. Y es el riesgo mayor –la hidropesía oportunista– la enfermedad que al presente está sufriendo –y venciendo– la socialdemocracia.

Dado el enorme crecimiento en extensión alcanzado en los últimos años, la mayor complejidad de condiciones y cantidad de problemas, ¿es de extrañar que se presente un momento en que el escepticismo se manifieste, en que surja la duda sobre el verdadero objetivo final del movimiento, sobre su consecución? Pero así, y no de otro modo, ha de transcurrir el gran movimiento proletario. Y estas épocas de escepticismo y de duda no pueden constituir sorpresa para la doctrina marxista. Ya Marx lo profetizó hace tiempo. «Las revoluciones burguesas al estilo del siglo XVIII –escribió hace medio siglo, en su *18 Brumario*– corren de éxito en éxito, acortando sus plazos de advenimiento y superándose en consecuencias dramáticas. Los hombres y las cosas parecen tallados en caliginosos brillantes, y el éxtasis es el alimento espiritual de cada día. Mas disfrutan de corta vida. Pronto alcanzan su máxima plenitud, y una laxitud de años se apodera de la sociedad antes de que aprenda a sacar provecho sabio de sus instantes de romanticismo. Por el contrario, las revoluciones proletarias al igual de las del siglo XIX, se critican a sí mismas una y otra vez. Se detienen en su curso. Insisten sobre lo que solo en apariencia consiguieron. Vuelven a empezar de nuevo, burlándose sin piedad de las medias tintas, debilidades y miserias de sus primeros intentos. Parecen dominar a su enemigo, que se humilla en tierra solamente para absorber nuevos jugos, nuevas fuerzas, y oponer una resistencia aún más terrible. Retroceden espantadas nuevamente ante la desproporción e in-

---

[18] Sobre el movimiento de los «independientes», véase lo dicho en el prólogo de esta obra.

certidumbre de sus fines, y todo ello hasta que llega la ocasión en que toda retirada se hace imposible, en que las circunstancias ordenan,

Hic Rhodus; hic salta!
[¡Si eres el Rodio, demuéstralo!].»

Y esta fue siempre la verdad, reconocida por la misma teoría del socialismo científico. El movimiento proletario no es hoy del todo socialdemócrata. Ni aun siquiera en Alemania. Pero día llegará en que adquiera en su totalidad este carácter, venciendo para ello las extravagancias extremas de anarquistas y oportunistas, que no son más que momentos en el *proceso* total de la socialdemocracia.

En vista de ello, no debe sorprendernos la existencia de estas corrientes oportunistas, sino la debilidad que manifiesta. Mientras encarnaron únicamente en casos aislados, dentro de la práctica del partido, temimos que tras de estos hechos se ocultara una teoría seria. Mas ahora, desnuda esa teoría en su total desarrollo, nos preguntamos asombrados, luego de leer el libro de Bernstein: ¿pero era todo esto lo que teníais que decir? ¡Ni el más pequeño asomo de una nueva idea! Ni un solo pensamiento que el marxismo no haya destruido hace decenios, que no haya pisoteado, destrozado, ridiculizado y reducido a la nada.

Bastó que el oportunismo hablara, para demostrar que no tenía nada que decir. Y esa es la verdadera trascendencia que para la historia del partido encierra el libro de Bernstein.

Y al despedirse este de la forma de pensar del proletariado revolucionario –de la dialéctica– y de la concepción materialista de la historia, encontramos circunstancias atenuantes que favorecen su éxito. La dialéctica y la concepción materialista de la historia –tan generosas siempre– nos lo muestran tal cual es: Bernstein fue el instrumento, tan propicio como inconsciente, que sirvió al proletariado para expresar sus indecisiones momentáneas, sus momentos de angustia en un vía crucis de redención. Llegada la luz del alba y comprobado lo que fue motivo de espanto, no puede por menos de reírse en sus propias barbas, para terminar, irritado, arrojándole de su presencia.

Militarismo y milicia

N. del T.: En el Congreso de Hamburgo (1897) se discutió una acusación lanzada por la *Freisinnige Zeitung* según la cual, en una sesión secreta del Reichstag, la minoría socialdemócrata había accedido a la concesión de créditos para artillería, por valor de ciento setenta millones (en realidad, se trataba de cuarenta y cuatro millones). Bebel lo negó, diciendo que la minoría había rechazado el crédito, El diputado Schippel opinó que debió haberse accedido a ello, puesto que, no teniendo la fracción socialdemócrata bastante fuerza para conseguir la creación de milicias ni para abolir el ejército permanente y evitar la guerra, hubiera sido un crimen enviar a las trincheras, mal armado, al proletariado alemán. Rosa Luxemburgo intervino, condicionando la concesión de créditos para armamentos a la implantación del sistema de milicias, para lo cual la S. D. no negaría nada. Un año más tarde publicó Schippel en la revista mensual *Sozialistische Monatshefte,* en el número correspondiente a noviembre de 1898, un artículo firmado con el pseudónimo de «Isegrim» («El lobo»), titulado «¿Creía Friedrich Engels en las milicias?» Basándose en los escritos de Engels sobre la reforma militar prusiana del año 1860, creía Schippel demostrar la poca simpatía de aquel hacia las milicias, si bien no se atrevió a declarar en redondo que la S. D. debía ser partidaria del militarismo. Cuando Kautsky intervino rebatiéndole, Schippel vino a razones y escribió un artículo en la *Nene Zeit* firmado con su propio nombre y titulado «Friedrich Engels y el sistema de milicias». En esta controversia intervino Rosa Luxemburgo con los siguientes artículos, publicados en los días 20 a 25 de febrero de 1899 en la *Leipziger Vollliszeitung.*

I

No es la primera vez –y esperamos que tampoco será la última– que de las filas del partido se elevan voces criticando determinados puntos de nuestro programa, e incluso combatiendo nuestra táctica. Nunca apreciaremos bastante la necesidad de tales críticas. Pero ello solo en cuanto al *modo* de ejercer esa crítica, pues no entendemos beneficiosa la costumbre, hoy imperante en el partido, de armar la gran tremolina, a la primera oportunidad, con el fin exclusivo de destacarse entre la masa de afiliados. Lo que estimamos importante en la crítica son las bases sobre que se argumente y la visión general que de ellas se deduzca.

Y una visión general es, efectivamente, la que se manifiesta en la cruzada emprendida por Schippel, «el Lobo», contra las milicias y a favor del militarismo.

En Schippel, al defender el militarismo, se aprecia como punto de vista general la opinión de que el actual sistema militarista es *necesario*. Con cuantos argumentos halla a mano, pretende demostrar la necesidad de un ejército permanente. Y, desde cierto punto de vista, tiene razón, desde luego. El ejército permanente, el militarismo, es realmente imprescindible. Pero ¿para quién? Para las clases y gobiernos actualmente dominantes. De lo cual se desprende, pues, que, *desde el punto de vista que le es propio,* la supresión del ejército permanente y la creación de milicias, es decir, el armamento del pueblo, han de ser, para estas clases, pretensiones tan inadmisibles como absurdas.

Y si Schippel, por su parte, coincide con esa opinión, ¿qué demuestra con ello si no que él mismo enfoca la cuestión militarista *desde el punto de vista burgués,* con igual perspectiva a la que es propia a un gobierno capitalista o a la clase burguesa en general? Cuando opinamos así, englobamos igualmente, a nuestro juicio, todos los argumentos con que pretende justificar su posición. Schippel afirma que la cuestión capital del sistema de milicias, el proveer de armas a todos los ciudadanos, sería imposible de resolver económicamente, por no haber bastante dinero para ello, ni se debe sacar de otro lado, «ya que –y copio su frase– bastante mermado está el presupuesto de cultura». Claro que al decir esto no se imagina que pueda adoptarse un sistema contributivo distinto al prusiano, que rige *hoy* para toda Alemania, y, por lo tanto, ha de renunciarse a la idea de obligar, por ejemplo, a la clase capitalista a contribuir en mayor proporción, y ello en sostenimiento de estas milicias.

Schippel considera indeseable la educación violenta de la juventud –otro de los puntales del sistema militar– porque los suboficiales, sus instructores, habrían de ejercer la más perniciosa influencia sobre los jóvenes. Tan carente de una visión futura se manifiesta Schippel en este caso como en el referente a la reforma fiscal que pudieran acarrear las milicias, y ello simplemente porque no se le ocurre un cambio en el espíritu de la gente encargada de la instrucción militar, creyendo que forzosamente han de ser los *actuales* subalternos imbuidos de espíritu cuartelero. Su manera de interpretar recuerda vivamente a la del profesor Julius Wolff, cuando en su tiempo veía un inconveniente en el régimen socialista, porque –según él– se presentaría un alza general en la tasa de interés...

La razón que Schippel alega para considerar indispensable el actual militarismo es la de que «alivia» a la sociedad de la opresión económica. Kautsky se las ve y se las desea cuando trata de adivinar los motivos que pueden mover a un socialdemócrata a ver un «alivio» económico en el militarismo, y a un cúmulo de interpretaciones posibles le hace acompañar de un sin fin de réplicas acertadas. No da en el clavo; pero se debe a que Schippel no adopta, al enjuiciar, el punto de vista que corresponde al pueblo trabajador. Si Schippel encuentra posible ese «alivio» es porque se coloca en el terreno del *capital*, teniendo razón entonces. Para él, el militarismo se presenta como una de las más importantes formas de inversión de capitales, y, por lo tanto, ¿qué de particular tiene que coincida con la opinión capitalista, que considera como un *alivio* el militarismo? No dudo de que Schippel, en este aspecto, representa los intereses capitalistas. ¿Quién lo garantiza? Un fiador envidiable, el más apropiado.

En la sesión del Reichstag del 12 de enero de 1899, se decía lo siguiente: «Yo afirmo, señores, que es completamente falsa la afirmación de que dos mil millones del presupuesto del Reichstag se apliquen a gastos improductivos, y que frente a ellos no se presente gasto productivo alguno. Yo digo que no hay gasto más productivo que el aplicado al ejército». Y el relato taquigráfico añade, como era de suponer: «Risas en los bancos de la izquierda»... El orador era el *barón Von Stumm,* el colega de Krupp.

Pero no importa tanto la *vacuidad* de las afirmaciones de Schippel como el que se caractericen por adoptar el punto de vista de la sociedad burguesa, y que por ello pierda el ángulo visual propio de la socialdemocracia, viendo los asuntos completamente al revés. Según él, el ejército permanente es indispensable; el militarismo, económicamente provechoso; la milicia, irrealizable, etcétera.

Pero hay otra cosa sorprendente en Schippel: que su postura en esta cuestión del militarismo coincida con la adoptada por él en otros importantes problemas de la lucha política: en el proteccionismo, por ejemplo.

En primer lugar, tenemos su renuncia a ligar con la democracia o la reacción las posturas que adopta ante la solución de un problema. Y este oportunismo le lleva a decir, en el discurso pronunciado en el Congreso de Stuttgart, que «es completamente falso entender idénticos librecambio y progreso, al igual que no lo son reacción y proteccionismo. Sendas páginas de la historia nos demuestran que se puede ser, al mismo tiempo, librecambista y reaccionario, proteccionista y amigo de la democracia». Casi con las mismas palabras escribe ahora en la *Neue Zeit:* «Hay entusiastas de las milicias que quisieran alterar nuestra vida de trabajo, produciendo en el mercado perturbaciones y crisis, y trasplantar el espíritu cuartelero a las más jóvenes promociones escolares, lo cual *es mucho peor que el actual militarismo.* Existen contrarios a la milicia que son, en todo momento, enemigos mortales de cualquier concesión en el fuero y exigencias militares».

Pero, ¿qué importancia tiene para un socialdemócrata que los políticos *burgueses* no adopten en cada cuestión actitudes que respondan a un *principio*? Su política es política de circunstancias. De ello quiere deducir el socialdemócrata Schippel el derecho y la necesidad de negar el fondo inevitablemente reaccionario del militarismo y el proteccionismo en sí, aceptando necesariamente la significación progresiva de la milicia y del librecambio. Es decir, *no considerar estos asuntos como cuestión de principio.*

En segundo lugar, vemos en sus intentos de apreciar el proteccionismo desligado de la cuestión militar una renuncia expresa a combatir ambos extremos formando un todo inseparable, unido por principio. En su discurso de Stuttgart oímos a Schippel atacar, por excesivas, ciertas tarifas solamente; pero reiterando el consejo de no «comprometerse», de no «atarse de pies y manos», de no combatir el proteccionismo por sistema y con carácter general. Ahora, en el número de noviembre de la *Socialistischen Monatsheftus,* Schippel aplaude la campaña de agitación, hecha en el Parlamento y en la calle, en contra de *las pretensiones militares que tengan un carácter concreto,* si bien con el consejo que da en la *Neue Zeit* de «no tomar por esencia de sistema militarista lo que son simples casualidades tan externas como secundarias, así como tampoco ciertos efectos *reaccionarios* que el militarismo hace sentir, casualmente, sobre otros aspectos de la vida social».

Y en último lugar y finalmente –y aquí se expone la base de ambos puntos de vista– vemos que su error fundamental consiste en considerar el problema con opinión que corresponde al *pasado* desenvolvimiento burgués, es decir, en su aspecto progresivo y determinado por la historia, haciendo caso omiso de su evolución sucesiva, tanto presente como futura, la cual se halla en tan estrecha relación con el lado *reaccionario* de los fenómenos en cuestión. Para Schippel, el proteccionismo sigue siendo lo que fue en tiempos del difunto Friedrich List, hace más de medio siglo: un gran progreso sobre el desmembramiento feudal y económico de Alemania. Pero no puede admitir que el librecambio sea hoy necesario para acabar con las fronteras económicas nacionales, que se levantan por doquier, dividiendo nuevamente lo que en tiempos llegó a ser mercado mundial, lo cual pone de manifiesto el carácter reaccionario del proteccionismo.

Otro tanto le ocurre en la cuestión del militarismo. Sigue viéndolo todavía como instrumento de progreso, encarnado en el ejército permanente a base del servicio militar obligatorio, y frente a las antiguas mesnadas feudales y ejércitos mercenarios. Para Schippel, ahí se detiene la vida. Sobre el ejército permanente resbala la historia, sin que exija siquiera una mayor generalización del servicio militar obligatorio.

Pero, ¿qué importancia encierran estos puntos de vista, tan característicos, que Schippel adopta tanto para la cuestión aduanera como para la militar? Significan, en primer lugar, una política de *circunstancias* frente a una actitud de principio, y, en segundo lugar y en lógica consecuencia, un ataque contra el *sistema* mismo. Pues, ¿qué otra cosa es esta política que el oportunismo, ese buen amigo conocido en los últimos tiempos de la historia del partido?

Es la «política práctica» otra vez; es el oportunismo levantando nuevamente la cabeza y negándose, con Schippel, a pedir una milicia –punto de los más importantes de nuestro programa–. En esta resurrección estriba, para el partido y su punto de vista, la verdadera importancia del éxito de Schippel. Solo englobado en la totalidad de las tendencias afines y en su aspecto oportunista, puede juzgarse certeramente esta última manifestación socialdemócrata en favor del militarismo.

II

Es carácter esencial de la política oportunista concluir siempre, en lógica dependencia, sacrificando el objetivo final y los intereses de liberación de la clase obrera en beneficio de aquellos que le están más próximos y que, por regla general, suelen ser completamente ficticios.

Este postulado del beneficio inmediato concuerda exactamente con la posición adoptada por Schippel, y se demuestra claramente cuando en la cuestión militarista llega a hacer una afirmación importantísima. La principal razón que, según Schippel, nos fuerza a mantener el sistema militarista es el «alivio» económico que proporciona a la sociedad. Prescindamos de esta extraña declaración, que le muestra como desconocedor de las más sencillas realidades económicas. Para caracterizar esta su manera de razonar, queremos aceptar, por un momento, que esa afirmación falsa sea verdad y que el militarismo «descargue» verdaderamente a la «sociedad» de sus fuerzas productoras excedentes.

¿Qué importancia encierra este fenómeno de «descargo» de fuerzas para la clase trabajadora? Solamente por cuanto el ejército castrense, siendo de carácter permanente, descarga en cierta manera aquel otro civil de reserva de trabajo que, por hallarse siempre a disposición del capital, impide el alza de los salarios y empeora el mercado de fuerza trabajadora. Este puede ser el anverso de la medalla. Veamos el reverso. Tres aspectos presenta este: primero, que el obrero, con el fin de limitar la concurrencia en el mercado de trabajo, y para disminuir la oferta, ha de ceder al Estado una parte de un salario, con el fin de conservar, como soldados, a sus competidores; segundo, que hace de estos un instrumento que sirve al Estado capitalista para sofocar todo movimiento encaminado a mejorar la situación del obrero (huelgas, coaliciones, etcétera) y, en caso necesario, a ahogarlo en sangre, resultando fallidas cuantas esperanzas puso la clase trabajadora en el militarismo como remedio contra la competencia en el mercado de trabajo; y tercero, porque, al aceptar el sistema, el propio trabajador convierte a sus competidores en el puntal más firme de la reacción política del Estado, es decir, en el de su propia esclavitud social.

Digámoslo con otras palabras. Por el militarismo, el trabajador burla, en determinada cantidad, una disminución inmediata de su salario; pero con ello pierde en gran proporción y *por largo tiempo,* la posibilidad de luchar por el alza de los jornales o la mejora de su situación. Como vendedor de la fuerza de trabajo, gana; pero, al mismo tiempo, y como ciudadano, enajena su libertad de movimientos, para resultar, en último extremo, perjudicado también como tal vendedor de fuerza. Elimina un concurrente en el mercado de trabajo, pero ve surgir un guardián de su esclavitud de asalariado. Evita una disminución de jornal, para luego restringir, tanto la perspectiva de una mejora duradera de su situación, como la posibilidad de una liberación definitiva, social, económica y política. Esta es la verdadera significación del «alivio» económico de la clase trabajadora por medio del militarismo. Aquí, como en el caso de todos los especuladores de la política oportunista, vemos sacrificarse los grandes fines de la liberación socialista de clase en favor de minúsculos intereses prácticos del momento, intereses que, por lo demás, son simplemente ficticios, como se demuestra apreciándolos más de cerca.

Y preguntamos: ¿cómo pudo Schippel llegar a la absurda idea de declarar el militarismo como «alivio» y más desde el punto de vista de la clase trabajadora? Recordemos nuevamente cómo esta cuestión se presenta a la consideración capitalista. Ya hemos demostrado que, para el capital, el militarismo es la forma de inversión más beneficiosa y necesaria. Está claro que aquellos medios económicos que a través de los impuestos llegan a manos del gobierno, sirven para mantener el militarismo; que si hubieran quedado en poder del pueblo, representarían una mayor demanda de medios de subsistencia, y que si el Estado los empleara en mayor proporción en difundir la cultura, producirían una petición mayor de trabajo social. Así pues, resultará que, para la sociedad en general, el militarismo no es, desde luego, un «alivio».

Mas, con respecto al beneficio capitalista, con respecto al empresario, la cuestión se ha de presentar de modo distinto. Al capital no le puede ser indiferente el que una demanda determinada de productos provenga de compradores dispersos o del Estado. Los pedidos oficiales se distinguen por su firmeza, su volumen y, en la mayor parte de los casos, por una relativa monopolización en los precios, todo lo cual hace del Estado el comprador más ventajoso, y las demandas del mismo, el negocio más brillante para el capital.

Pero la ventaja que presentan los suministros militares, comparados, por ejemplo, con los gastos oficiales dedicados a fines de cultura, son las continuas revoluciones técnicas y el crecimiento sin fin de los desembolsos bélicos. Así pues, ¿qué de particular tiene que el militarismo sea para el capital la rica e inagotable fuente de ganancia que ha de elevar, además, el capital al rango de una potencia social? Esto lo saben bien los obreros de las fábricas de Krupp y Stumm.

Si para la sociedad en general se presenta el militarismo como un absurdo despilfarro de gigantescas fuerzas de producción, para la clase obrera, significa, por el contrario, un empobrecimiento de su situación económica y la perpetuación de su esclavitud social. Si para *la clase capitalista* constituye, económicamente, el modo de inversión más insustituible y brillante, social y políticamente será el mayor sostén de su dominio de clase. Cuando, por tanto, Schippel declara resueltamente el militarismo como un «alivio» económico necesario, no solo confunde el punto de vista de los intereses sociales con los intereses de clase, adoptando, por consiguiente –como dijimos al principio–, el punto de vista burgués, sino que al entender que toda ventaja económica para la clase capitalista se traduce, necesariamente, en ventaja para la clase obrera, parte asimismo de la base de la *armonía de intereses entre capital y salario*.

Pero este falso punto de vista no es otro que el adoptado también por Schippel en la cuestión aduanera. En ese momento se manifestó por el proteccionismo, alegando la necesidad de defender al obrero *productor* de la competencia ruinosa de la industria extranjera. Tanto aquí como en sus proyectos militares, pretende defender los intereses económicos inmediatos del obrero, haciendo caso omiso de aquellos de carácter político y social que guarden una estrecha dependencia con el librecambio o la abolición del ejército permanente. En ambos casos toma por intereses inmediatos de la clase obrera los intereses del capitalista en general, por entender que todo lo que puede beneficiar a las empresas ha de ser ventaja para el trabajador. Para la teoría oportunista existen dos principios en absoluta dependencia, que forman a la vez la característica esencial de toda su política: el sacrificio del objetivo final ante los éxitos prácticos del momento, y la apreciación de estos intereses prácticos desde el punto de vista de la armonía entre capital y trabajo.

A la primera ojeada sorprenderá que un defensor de *esta* política encuentre incluso la posibilidad de remitirse a los fundadores del programa socialdemócrata, y hasta crea muy seriamente que si el barón de Stumm le sale garante en la cuestión militar, no obsta para que también le avale Friedrich Engels. Lo que Schippel cree tener de común con este es el ver la necesidad y el carácter histórico del militarismo. Pero ello no indica más, sino que cuando no se digiere –como antes le ocurrió– la dialéctica hegeliana ni la concepción marxista de la historia –como le sucede ahora–, se corre el grave peligro de sufrir serios trastornos cerebrales. Como también se demuestra que, tanto el pensamiento dialéctico en general, como la filosofía materialista de la historia en particular, son tan revolucionarios en su justa interpretación, como peligrosos y reaccionarios pueden ser las consecuencias a deducir si se les entiende al revés. Leyendo las citas que Schippel saca especialmente del *Anti-Düring,* de Engels, tratando del desarrollo del sistema militarista y de su desaparición y conversión en ejército a primera vista, con la diferencia que existe entre la concepción de Schippel y la aceptada por el partido.

Nosotros juzgamos al militarismo, tal cual es hoy, como un producto fatal e irremediable de la evolución social, y así lo ve Schippel. También afirmamos que el militarismo ha de terminar, dado su desarrollo ulterior, en ejército popular y lo mismo afirma Schippel. ¿En dónde está, por tanto, la diferencia que pudiera llevarle a una postura reaccionaria en la cuestión de las milicias? Pues muy sencillo. En tanto que nosotros, de acuerdo con Engels, vemos en la evolución del militarismo hacia las milicias *simplemente las condiciones* que llevan a su desaparición, Schippel opina que el futuro ejército popular surgirá *por sí mismo,* «de dentro afuera», y del actual sistema militar. Mientras nosotros, apoyados en estas condiciones materiales que nos ofrece el desarrollo objetivo y el acortamiento del tiempo de servicio, creemos llegar *por la lucha política* a la realización del sistema de milicias, Schippel pone su esperanza en la evolución misma del militarismo y en sus consecuencias lógicas, y tacha de mera fantasía y de política de café toda intervención consciente que tienda a crear las milicias.

Lo que de esta manera hemos obtenido no es la concepción histórica de Engels, sino la de Bernstein. Así como en este la economía capitalista llega sin violencias, quedamente, a «florecer» en socialista, de igual manera, en Schippel, el militarismo actual dará como fruto espontáneo las milicias. Y como a Bernstein le sucede con el capitalismo en general, le ocurre a Schippel respecto al militarismo, no comprendiendo que el desarrollo objetivo, material, nos traerá a la mano solamente las *condiciones* de un grado mayor de desenvolvimiento, pero que sin nuestra *intervención conscien*te, sin la lucha *política* de la clase trabajadora en pos de la transformación socialista o de las milicias, ni la una ni la otra se realizarán jamás.

Mas como ese cómodo «florecer» no pasa de ser una quimera, una huida oportunista para evitar la lucha revolucionaria y consciente, la revolución social y política a que ese camino lleva se convierte en un pobre trabajo burgués de remiendos y composturas. Al igual que en la teoría de Bernstein, en su «socialización lenta», desaparece hasta la noción del socialismo mismo –al menos lo que nosotros entendemos bajo ese concepto–, convirtiéndolo en un «control social», es decir, en unas reformas sociales burguesas inofensivas. También en la concepción de Schippel el «ejército popular», formado por el pueblo en armas y siendo árbitro de la paz y de la guerra, que es nuestro fin, queda transformado en un deber militar extensivo a todos los ciudadanos útiles, con un menor tiempo de servicio, pero siempre dentro del actual sistema de ejército permanente. Aplicar a todos los objetivos de nuestra lucha política la concepción de Schippel, nos llevaría, en línea recta, al abandono total del programa socialdemócrata.

La defensa que Schippel hace del militarismo es una exposición clara de toda la corriente revisionista y, al propio tiempo, un paso importante en el desarrollo de la misma. Ya supimos antes de un diputado socialdemócrata, Heine, que quería acceder, en determinadas condiciones, a las exigencias militares del gobierno capitalista. Pero era pensando simplemente en hacer esas concesiones con vista a fines más altos de la democracia. Según Heine, los cañones servirían, al menos, para pagar ciertos derechos que se otorgarían al pueblo. Pero ahora, Schippel explica su concesión por honor a los cañones en sí. Si tanto aquí como allí el *resultado* es idéntico, es decir, un apoyo al militarismo, siquiera en Heine es producto de una falsa interpretación en la *forma de luchar* socialdemócrata. Pero, en Schippel, se debe simplemente a un desplazamiento del *objeto* de la lucha. Allí se propuso, en vez de la táctica social demócrata, la burguesa, pero aquí se coloca, con el mayor desparpajo, en lugar del socialdemócrata, el *programa burgués.*

En el «escepticismo miliciano» de Schippel, la «política práctica» ha sacado sus últimas consecuencias. En sentido reaccionario no puede ir más allá; pero todavía le queda el poderse extender sobre otros puntos del programa antes de arrojar del todo el manto socialista, con cuyos colgajos se cubre, para presentarse en toda su clásica desnudez; tal como el padre Naumann.

III

Rogando su publicación, se recibió en el *Leipziger Volkszeitung*, el 24 de febrero de 1899, el siguiente escrito de Schippel:

«Querido amigo Schoenlank:

Siempre leo con gran interés los artículos que la compañera R. L. publica en la *Leipziger Volkszeitung*, y ello no por saberme siempre conforme con todos sus puntos, sino por apreciar la naturaleza combativa, el convencimiento honrado y la dialéctica profunda de quien los escribe.

Pero esta vez repaso, y no sin asombro, las conclusiones, cada vez más punzantes, que saca basándose en una mera *suposición*. Dice la compañera:

"La razón económica que a nosotros, según Schippel, nos fuerza a mantener el sistema capitalista, es el 'alivio' económico que para la sociedad este sistema representa [...] También desde el punto de vista de la clase trabajadora, Schippel considera este sistema como un 'alivio' [...] , partiendo del principio de una *armonía* de intereses entre capital y trabajo."

Las conclusiones son ciertas; pero la premisa es tan falsa como equivocada. Ya he explicado suficientemente en la *Neue Zeit*, que los gastos gigantescos e improductivos, ya debidos al lujo y a las locuras de los particulares, ya a los excesos militaristas y prebendas de todas clases por parte de los Estados, aminora las fiebres intermitentes de las crisis que, en forma duradera, se apoderarían de una sociedad a manera de "superproducción", si el despilfarro improductivo no fuera mayor cada vez con respecto a la acumulación con fines productivos. Naturalmente que yo no he aplaudido jamás el despilfarro y los gastos impro-

Militarismo y milicia

ductivos, y mucho menos lo he exigido *en interés de la clase trabajadora*. Yo quise referirme a otras ya conocidas influencias efectivas de los mismos *sobre la moderna sociedad*.

Tuve al principio por cosa segura que nadie me consideraría capaz de luchar en vanguardia "por esta sociedad moderna". Sin embargo, poseo una gran experiencia en estas discusiones socialdemócratas. Por eso, en el párrafo relativo a la superproducción, añadí como colofón esta pequeña frase: "Naturalmente que, no por ello, el militarismo me ha de ser más agradable, sino más desagradable".

Esto, según su sentido, quiere decir "más detestable". Pero tampoco este exceso de prudencia por mi parte parece haber servido de nada, por cuanto la camarada estima que "sigue dando lo mismo". Es decir, igual que si se discutiera con alguna dama burguesa.

Sin embargo, después de reconocer la nobleza de la colaboradora de la *Leipziger Volkszeitung,* esperaré a que se dé cuenta de que ha tomado la salida en falso, y que, por lo tanto, esa carrera en que nos íbamos a disputar el premio de decisión revolucionaria y proletaria debe comenzar otra vez.

Suyo,

Max Schippel.»

IV

Si el compañero Schippel leyó con asombro las «cada vez más punzantes» conclusiones que deduje de *una* opinión expresada por él, una vez más quedará demostrado que las opiniones también tienen su lógica, y precisamente allí donde a los hombres les falta.

Para las ideas que Schippel formula en la *Neue Zeit* sobre el «alivio» económico de la sociedad capitalista por el militarismo, constituye su réplica de ahora un corolario no despreciable. Junto al militarismo se presentan «las prebendas de todas clases» y «el lujo y las locuras de los particulares» como otros tantos medios de profilaxis y alivio contra las crisis. La extraña opinión sobre la función económica del militarismo da paso, desde luego, a la teoría de que el despilfarro es un remedio de la economía capitalista, y demuestra que no hemos tenido razón al meternos con el barón de Stumm como economista social, al declararle en nuestro primer artículo el fiador de Schippel.

Cuando calificaba los gastos para el ejército como los más productivos, pensaba, por lo menos, en la importancia del militarismo en cuanto a la lucha por los mercados y también en la defensa de la «industria patria». Pero resulta que Schippel hace abstracción de la función específica del militarismo en la sociedad capitalista, y en él ve solamente una manera ingeniosa de tirar por la ventana cada año una cantidad determinada de trabajo social. Para él, el militarismo es, económicamente, lo mismo que, por ejemplo, los dieciséis perritos de la duquesa de Uzés, que «alivia» en París al capitalismo con los gastos de todo un piso, un cuerpo de criados y un vestuario completo para sus perros.

Lástima que el compañero Schippel, al mudar tan caleidoscópicamente sus simpatías económico-políticas, rompa siempre en forma tan radical con sus inclinaciones de ayer y no le quede de ellas el más pequeño recuerdo. De lo contrario, como antiguo rodbertusiano, se vería obligado a recapacitar sobre las páginas clásicas de las «Cuatro cartas sociales a Von Kirchmann», donde su anterior maestro refuta esta nueva teoría de las crisis a base del lujo. Pero esta teoría es bastante más vieja que el mismo Rodbertus.

Esta idea del alivio económico de la sociedad especialmente por el militarismo, tiene siquiera un encanto para las filas del partido, y es su novedad, aunque para la sociedad capitalista sea esta teoría general sobre la salvadora función del despilfarro tan antigua como la misma economía vulgar.

Esta economía vulgar tiene echadas al mundo, en la serie de embustes de que es progenitora, bastantes teorías de las crisis, y, entre ellas, una de las más triviales es esta que ahora se apropia nuestro Schippel, hallándose –en lo que respecta a una visión exacta del mecanismo de la economía capitalista– muy por debajo de la teoría expuesta por J. B. Say, el estúpido payaso de la economía vulgar, que afirmaba que la superproducción no era, en sí, sino una escasez de producción.

¿Cuál es el supuesto general de la teoría de Schippel? Que las crisis surgen debido a lo poco que se consume en relación con el volumen de lo producido, y que, por lo tanto, las crisis podrán dominarse aumentando el consumo en el seno de la sociedad. Por tanto, aquí no se deriva la formación de las crisis capitalistas de la tendencia interna de la producción a rebasar los límites del mercado; ni tampoco de la irregularidad de la producción, sino de la desproporción absoluta entre producción y consumo. La masa de bienes de la sociedad capitalista se presenta en este caso, por decirlo así, como una montaña de granos de arroz de una altura determinada, a través de la cual la humanidad se devora a sí misma. A más que se consuma, menos gravitará el exceso, como resto imposible de digerir, sobre la conciencia económica de la sociedad, y mayor será el «alivio». Esta es una teoría *absoluta* de las crisis, que se relaciona tan exactamente con la relativa de Marx, como la teoría sobre la población de Malthus, con la marxista de la superpoblación relativa.

Pero según esa ingeniosa teoría, a la sociedad importa mucho *quién* es el consumidor. Si el consumo ha de servir solamente para poner otra vez la producción en movimiento, la montaña de arroz crecerá por segunda vez; «la sociedad» nada ganará con ello y la fiebre de las crisis la sacudirá como antes. Mas para que la sociedad pueda respirar libremente, los productos han de quedar para siempre consumidos, y por gentes que no intervengan en el proceso de producción, ya que así es como las crisis podrán ser efectivamente encauzadas.

El fabricante Hinz no sabe qué hacer con las mercancías que produjo (es decir, que produjeron sus obreros). Por fortuna, el fabricante Kunz gasta un lujo asiático y compra a su apurado colega de clase las mercancías que le agobian. Pero Kunz también tiene un exceso de géneros producidos, y no sabe cómo darles salida. Felizmente, el ya citado Hinz ama también los «lujos y disparates» y se ofrece al preocupado Kunz como el comprador anhelado. Ahora, ya concluido el negocio, nuestros dos fabricantes se miran algo asustados y exclaman sin poderse contener: «¿Quién está loco, tú o yo?». Realmente, los dos lo están. Porque ¿qué es lo que han conseguido con la operación que les aconseja Schippel? Con la mayor buena fe se han ayudado mutuamente a deshacerse de una cantidad de mercancías que les sobraban. Pero, ¡ay!, el objeto de los fabricantes no es dar salida a los géneros, sino conseguir plusvalía en dinero contante y sonante. Y, en este aspecto, de poco les sirvió su ingenio, pues quedan igual que si cada uno hubiera consumido su propia plusvalía. Este es el remedio de Schippel para conciliar las crisis.

Los reyes del carbón sufren la superproducción en la Westfalia occidental. ¿Serán estúpidos? ¿Qué tienen más sino aumentar la calefacción de sus palacios y «aliviar» así el mercado carbonero? Los propietarios de canteras en Carrara sufren una paralización en sus ventas. Pues que construyan cuadras de mármol para sus caballos, y ya bajará la «fiebre de la crisis» en la industria del mármol. Y cuando se cierne la nube amenazadora de una crisis general del comercio, Schippel gritará al capitalismo: «¡Más ostras, más champaña, más servidumbre, más bailarinas, y estaréis salvados!». Ahora que tememos que estos «vivos» le contesten: «¡Eh, amigo! ¿Nos toma usted por más idiotas de lo que somos?».

Esta teoría económica, con todo el ingenio que encierra, conduce a otras conclusiones políticas y sociales. Si, por ejemplo, el consumo improductivo, es decir, el del Estado y el de las clases burguesas, constituye un alivio económico y un remedio para conciliar las crisis, tendremos que el interés de la sociedad y el curso tranquilo del ciclo de producción exigirán que el consumo improductivo aumente lo más posible y que el consumo productivo disminuya en igual grado. Que la parte que los capitalistas y el Estado se apropian de la riqueza social sea la mayor posible, y que, por el contrario, lo que queda para el pueblo trabajador sea la más insignificante; que los impuestos y beneficios se eleven al máximo, y los salarios se reduzcan al mínimo. El obrero resulta una «carga» económica para la sociedad, y los perritos de la duquesa de Uzés un ancla de salvamento. Estas son, y no otras, las consecuencias que se sacan de la teoría del «alivio», preconizada por Schippel.

Ya hemos dicho que esta teoría resulta la más trivial entre todas las de la economía vulgar. Pero, ¿cuál es el graduador de la trivialidad en esta economía? La esencia de ella está en considerar los procesos de la economía capitalista, no en su verdadero conjunto y en su esencia íntima, sino en su superficial disgregación, debida a las leyes de la concurrencia. No la ve a través del catalejo de la economía, sino con las gafas de los intereses particulares dentro de la sociedad burguesa. Pero a más que captemos el terreno en que cada particular se mueve, más se nos alejará la imagen de la sociedad en general, y menos directamente se reflejará esta en el cerebro del economista. A más cerca del punto de vista del verdadero proceso de producción, tanto más a punto estaremos de concebir la verdad. Y a más que se investigue el mercado de cambio, a más que se excave en la región de lo que es el verdadero terreno de la concurrencia, tanto más cierta se presentará, vista desde aquel punto, la imagen de la sociedad.

La teoría de las crisis imaginadas por Schippel es, como hemos demostrado, absolutamente insostenible desde el punto de vista de los capitalistas *como clase*. Lleva a aconsejarles que consuman por sí mismos el excedente de su producción. Es teoría que todo *industrial*, aisladamente, habrá de acoger con indiferencia. Un Krupp o un Von Heyl están demasiado cuerdo para dar en la locura de creer que su lujo y el de sus compañeros de clase puedan paliar en lo más mínimo estas crisis. Esta interpretación no levantará entusiasmos más que en el *capitalista comerciante,* o, mejor aún, en cualquier *vendedor de chucherías* de precio, para el cual el lujo de su inmediata clientela, los «señorones», puede parecer el sostén de toda la economía. La teoría de Schippel no es, desde luego, un duplicado de la concepción que tiene el empresario capitalista; es, directamente, una expresión teórica del punto de vista de un *bisutero de lujo*.

La idea de Shippel de «aliviar» la sociedad por medio del militarismo, demuestra nuevamente, al igual que en su tiempo las lucubraciones de Bernstein, que el comulgar en política con el punto de vista burgués, el revisionismo se entronca a sí mismo con las cábalas económicas de la economía vulgar.

Pero Schippel también combate las consecuencias que nosotros deducimos de su teoría del «alivio». Si hubiera hablado solamente del alivio de la *sociedad* y no del de la clase trabajadora, además de interpretaciones erróneas se hubiera evitado el insertar la confesión de que, para él, «esto no le hace el militarismo más agradable, sino más desagradable». Leyéndola, cualquiera diría que Shippel consideraba ruinoso el capitalismo también desde el punto de vista de la *clase trabajadora*.

¿Para qué, pues, aludir al alivio económico? ¿Qué conclusiones saca en cuanto a la conducta de la clase obrera para con el militarismo? Oigámosle: «Naturalmente que, para mí, el alivio económico no hace el militarismo más agradable, sino más desagradable...». «*Pero tampoco puedo, desde este punto de vista, sumarme al coro pequeñoburgués y liberal, que vocifera contra los gastos improductivos militares...*» Schippel califica, pues, de *pequeñoburguesa*, de falsa, la opinión sobre los efectos económicos ruinosos del militarismo. Para él el militarismo no supone ruina alguna, y cree equivocado el «sumarse al coro pequeñoburgués y liberal», esto es, luchar contra él. Incluso todo su artículo está encaminado a demostrar a la clase trabajadora la necesidad del militarismo. ¿Qué importa, frente a esto, la salvedad que intercala de que, precisamente por eso, el militarismo no le es más agradable, sino más desagradable? Es simplemente la lógica afirmación de que no es con alegría, sino con disgusto, como defiende el capitalismo; de que, aun dentro de su política oportunista, no encuentra ningún placer en ello, y que su corazón es mejor que su cabeza.

En vista de lo cual, pudiera evitarme ya el aceptar la invitación de Schippel para una carrera de «decisión revolucionaria y proletaria». La lealtad me impide correr con nadie que se encuentre dispuesto a hacer la carrera de espaldas a la meta.

La «ciencia alemana» a retaguardia de los obreros

N. del T.: El reformismo alemán no hubiera triunfado tan fácilmente en Alemania de no haber contado, como colaboradora, a la ciencia oficial. Franz Mehring se encargó de combatir y anular a los filósofos neokantianos; Rosa Luxemburgo dio el golpe de gracia a los economistas. Fue la principal misión de estos procurar la armonía social, tratando de despojar al movimiento obrero de su ciencia revolucionaria y de su carácter político. Como lema tenían la conciliación de las clases y el establecimiento del sistema capitalista sobre bases más racionales, que hubieran perpetuado el sistema de salario. Entre los múltiples intentos hechos en este sentido está el libro titulado *Dennoch [Sin embargo...]*, del catedrático de la Universidad de Breslau Werner Sombart, sobre la teoría y táctica del movimiento obrero sindical, aparecido en el año 1900. Dicho profesor trató de intervenir e influir en el movimiento socialdemócrata, organizando conferencias populares sobre economía, en que se llegaba siempre a una conclusión: a la bondad del capitalismo alemán y a la conveniencia de secundar todas sus iniciativas imperialistas. Los siguientes artículos de Rosa Luxemburgo aparecieron en la *Neue Zeit* en los años 1899 y 1990.

I

Ante la clase obrera alemana ha surgido un nuevo profeta: Werner Sombart, catedrático de la Universidad de Breslau, que explica al proletariado alemán el evangelio de la fe y de la esperanza. Os enseña, «señores trabajadores», al igual que Lassalle, a explorar, «a vista de pájaro» y por un nuevo método «justo», «histórico», «realista», las poco conocidas regiones de la cuestión obrera. Os asegura que la «ciencia alemana» os apoya, forma a vuestra retaguardia y os invita a «avanzar, a pelear» juntos, con ánimo alegre; a defender unidos la causa del progreso social y unidos marchar por el camino de la cultura. «Hacia el bienestar de nuestra querida patria, de Alemania. Para mayor honra de la humanidad. ¡Adelante!»

«Juntos», «adelante»... Ciertamente que esto suena un poco extraño, pues hasta ahora la clase obrera no ha tenido el placer de avanzar y luchar del brazo del señor Sombart. Cuando este profesor estaba todavía en mantillas, ya luchaba la clase obrera buscando el bienestar de nuestra querida patria, de Alemania; defendía la causa del progreso y buscaba una mayor honra para la humanidad. De esta lucha hará pronto medio siglo, en tanto que la propuesta del señor Sombart es de fecha bien reciente.

Pero son, sencillamente, pequeños lapsus escapados en el fogoso torrente de la oratoria. Devolvamos, pues, a este nuevo profeta todas sus flores retóricas y escuchemos con veneración en qué consiste ese método «justo», «histórico», «realista» que nuestra retaguardia, la «ciencia alemana», tiene que exponer sobre los menesteres del socialismo y los sindicatos.

II

Dice Sombart en su obra *Dennoch [Sin embargo...]*: «En primer lugar, no hay nada que determine el volumen y proporción que puede alcanzar la parte que de las rentas nacionales se reserva para la clase obrera, puesto que no existe límite natural que impida en ningún momento su elevación, estando esta, por tanto, dentro de las posibilidades del trabajador. La ciencia tiene establecida ya la llamada teoría del fondo de salario, la permanente ley del salario, cuando intentó descubrir en las oscilaciones del salario firmes leyes económicas».

Pero el señor Sombart se da a refutar las oscilaciones y el salario básico, con tanta mayor facilidad cuanto que Marx organizó ya su sepelio hace unos años. Y lo más importante es que en sus conclusiones trastrueca la ley de los salarios dada por Ricardo y Lassalle, valiéndose para ello de una nueva interpretación de la fórmula lasaliana, de medir los jornales de acuerdo con la vida «acostumbrada» en el obrero. Dice Sompart: «La adición de la palabra "acostumbrada" convierte la terrible ley en una inofensiva repetición de vocablos». Pues, según este señor, tan pronto como la «costumbre» marque la altura media del salario, todo el talento estriba en convertir las mayores exigencias del obrero (por ejemplo, viajar en automóvil) en algo «acostumbrado», y hacer que los salarios suban como la espuma. «Hacer –repite el señor Sombart– en estas palabras, y frente a la concepción de una formación mecánica de salarios, debe ser vista la manera *justa* y *social* de considerar las cosas, es decir, aquella manera que *ve en la partición de la renta nacional el resultado de una lucha entre los diversos grupos interesados en ella;* de una lucha cuyo resultado no puede considerarse independiente de la situación exteriormente visible y expresable en cifras del mercado de trabajo y del de productos».

Pero, como veremos después, Sombart se interna sin temor ni sobresaltos ulteriores en esta lucha de partición. Pues la «ciencia alemana» acaba por dar a todos y no quitar a nadie; por hacer más ricos a los obreros sin hacer más pobres a los capitalistas.

Es decir, que, por una parte, los trabajadores, en el más amplio sentido, pueden, como acabamos de ver, elevar su parte en la renta nacional «en cualquier momento» y a costa de la plusvalía. Mas, por otra, «al beneficio del capitalista le precisa a pesar de la elevación de salarios, no sufrir merma». A los «geniales empresarios y a los reyes del «comercio» les aconseja Sombart, ni más ni menos, que cuando los salarios suban amplíen la producción o mejoren la técnica de sus industrias. O algo más sencillo: que eleven los precios y así endosen a los consumidores las concesiones hechas a los obreros.

Pero también del público que consume se acuerda la «ciencia alemana». En cuanto al consumidor, el señor Sombart confía, primeramente, en que no siempre se precisa llegar a una lucha de salarios «cuando en tiempo oportuno se dispone de gente que sustituya» y, en segundo lugar, en caso de que la lucha encareciera el producto, siempre quedará al comprador la «satisfacción» de haber contribuido en la forma «más noble y menos hiriente» a aliviar los antagonismos sociales. El profesor cree contar, sobre todo, con los «corazones femeninos» y, especialmente, con los de las enamoradas. «¿Qué puede importarle a la feliz novia –dice– pagar por su ajuar, en lugar de diez mil marcos, diez mil quinientos, si con ello ha de contribuir a una elevación de jornales para las pobres costureras?» Cierto que cualquier novia, si está a punto de casarse, no ha de hacer muchos remilgos a este método «justo», «histórico», «realista» de economía política, y así vemos solucionadas las dificultades todas del movimiento sindical.

Pero como el mismo sol tiene sus manchas y el más hermoso rostro puede presentarse hepático o con otra imperfección cualquiera, también la economía política tiene sus «lunares»: las crisis. Sin embargo, el señor Sombart ha elaborado un remedio contra las crisis, remedio ya conocido: el movimiento sindical. Y dice: «En tanto que este, como hoy vemos, infunda vida a la gran misión histórica del capitalismo *y no cree impedimentos,* contribuirá a borrar las imperfecciones de este sistema capitalista». Y sigue: «Y pienso, en primer lugar, en *un algo contra las crisis que asegure de trastornos el mecanismo económico y el de comunicaciones*».

El «empresario genial» que endosó al público sus concesiones a la clase obrera, encuentra, en recompensa de su virtud, una venta mayor y más segura.

Y así todo se desenvuelve dentro de una conformidad general. Los sindicatos tienen salarios mayores; los empresarios, una mayor venta e igual beneficio; la novia, un gran corazón (y un novio) y el señor Sombart, popularidad. Todo el lastre económico de un Marx, de un Ricardo o de un Lassalle, se arroja por la borda, y el veloz navío del método «realista»... navega viento en popa, enfilando el siglo XX... *Vogue la galere!*

Si no topa en las aceñas, como en tiempos le ocurrió al bote en que se embarcó un valeroso caballero manchego.

***

Si la escuela clásica de la economía política atribuye el movimiento oscilatorio de los salarios a fenómenos naturales, a la ley de la mayor población y al absoluto grosor del capital productivo, trataba solo, de manera consecuente y según su método fundamental, de identificar los límites de la sociedad burguesa con los sociales y naturales. Y la crítica histórica y dialéctica de la economía política clásica –tema ya resuelto por Marx– consistía aquí, como en todos los casos, en retraducir las «leyes naturales» como propias de la sociedad capitalista.

La economía capitalista en su totalidad, es decir, comprendiendo en ella la compra de trabajo, tiene como fin... producir beneficio. La cuota determinada de beneficio, como objeto de la producción, precede, por tanto, a la existencia del trabajador como hecho consumado, y constituye al propio tiempo, en su término medio, el límite superior a que pueden llegar los salarios. Pero en el beneficio se oculta también la tendencia a crecer de manera ilimitada a costa del salario del obrero, es decir, a reducirle al mínimo indispensable para que este pueda vivir. Entre estos dos últimos extremos –jornal mínimo y beneficio medio– recorre el salario sus diferentes alturas, según la relación que exista entre la oferta y la demanda, esto es, entre la fuerza de trabajo disponible y el grosor del capital, ansioso de emplearse y producir.

Pero en una sociedad capitalista desarrollada, la oferta se presenta como el ejército industrial de reserva, como una cantidad de fuerzas disponibles que fueron en tiempos licenciadas por el propio capital. Y la demanda no es otra cosa que aquella porción de capital que, alcanzándose ya una determinada cuota de beneficios, la situación del mercado le «incita» a la producción.

Vemos que tanto el límite medio extremo del alza de los salarios, como sus grados superiores o inferiores, se determinan por factores que en último extremo tienden a terminar en lo mismo: en los intereses del beneficio, o –como dice Marx– en la «necesidad de dar beneficio» que siente el capital.

¿Están los sindicatos en condiciones de saltar sobre los límites de esta ley de salarios? Estos límites no son, desde luego, «leyes naturales», y esto Sombart lo estudió bien en Marx. Pero *dentro* de la economía capitalista ellos actúan con el carácter fatal de una ley de la naturaleza, porque son la ley misma del capitalismo.

Si los sindicatos pudieran destruir, por ejemplo, el beneficio del empresario como tope de la elevación de salarios, ello significaría eliminar el *objetivo* actual de la de la producción, y, por tanto, la piedra fundamental del sistema capitalista.

Si consiguieran igualmente la desaparición del ejército de reserva o limitar su continuo crecimiento, habrían conseguido entonces encauzar el proceso de proletarización, es decir, anular tanto el resultado natural y lógico, como la condición social necesaria para la producción capitalista.

Pero todo esto se refiere al movimiento del *salario real* del obrero. Lo que respecta a su participación en, la renta social –que el señor Sombart pretende en «cualquier momento» elevar al infinito– será rebajado sistemática y directamente por el desarrollo capitalista, aun cuando el salario real crezca en forma simultánea. Y si los sindicatos pretendieran retener *esta* tendencia bajista del salario relativo, habrían de paralizar primero lo que es principio vital para la economía capitalista: *el desarrollo de la productividad* del trabajo, pues este es el que disminuye el trabajo contenido en el salario-manutención del obrero y el que acorta su participación en el producto en forma mecánica y a espaldas de los interesados.

Ciertamente que los sindicatos pueden –y en ello consiste su único método de influencia– limitar por medio de la organización de la fuerza de trabajo el ejército de reserva, y con ello reducir al mínimo la de otro modo sin límites opresión del capital, en un grado desde luego conciliable con los intereses del beneficio capitalista. Pero si el señor Sombart afirma que la elevación de salarios no se halla ligada a limitación alguna, y que los sindicatos pueden aumentar al infinito la *participación* del obrero en la renta nacional, lo que a los trabajadores dice no es, en último extremo, sino que ellos pueden eliminar, por vía económica, el sistema económico capitalista.

Vemos, pues, que la determinación de salarios, así como la total participación en la renta nacional, es, para el señor Sombart –como él mismo dice–, una *cuestión de fuerza*. Y lo es, indiscutiblemente, dentro de ciertos límites, esto es, en la superficie social, allí donde se manifiestan las leyes económicas en las relaciones humanas, en el choque personal de empresarios y obreros, en el *contrato de trabajo*. Pero el señor Sombart no aprecia las leyes objetivas existentes bajo estas manifestaciones de fuerza, leyes que condicionan y limitan estas; ve la relación tal como llega a percibirla cada interesado particularmente, el trabajador o el empresario por sí; y entonces el recién amonedado método «justo», «histórico» y «realista» se desenmascara, presentándose como la muy respetable economía vulgar.

Esta procede, como es sabido, de distinta forma que la dialéctica crítica. Rechaza, con la mayor complacencia, las «leyes naturales» establecidas por la economía clásica, por entenderlas charlatanería inútil; pero con ello elimina, en general, toda explicación, sometida a leyes, de la economía capitalista y proclama el reino de la «libre voluntad», de la «intervención consciente en los procesos sociales», de la «fuerza» de los grupos sociales.

Bien es verdad que en estos ucases de la ciencia no desaparecen, en realidad, las leyes objetivas de la sociedad capitalista, esto es, las contradicciones que la impulsan y conmueven. Pero estas mismas contradicciones son denunciadas como simples casualidades, como pequeños errores de cálculo, leves «imperfecciones» que se «saldan» con un poco de oratoria y un algo de buena voluntad. Después de que el señor Sombart descubre ante los obreros la risueña perspectiva de una posibilidad ilimitada de elevar los salarios, se las ve y se las desea para cumplir su palabra, y, por lo tanto, para salir de las aceñas de la economía capitalista. La elevación de los salarios la endosa, como hemos visto, a cargo del beneficio; el beneficio lo paga el consumidor, y este se lo apunta en la conciencia puesto que ya no existe posibilidad de un nuevo endoso. Para tener un éxito más seguro, Sombart se imagina al consumidor como una joven doncella a punto de contraer matrimonio. Y al final, para asegurar el éxito económico que prescribe su receta, hasta pechará con el debe: de hallar, para cada acaudalada novia, un novio encantador.

Sin embargo, tememos que todo sea machacar en hierro frío. Pues —y hablemos en su estilo docente— apenas el señor Sombart ha explicado la «relacionabilidad» y el «mutuo concatenamiento» de cosas que o se relacionan o concuerdan entre sí, cuando su chapuza comienza a despegarse por los bordes y costuras, debido a «circunstancias que no hay por qué mentar».

El empresario debe compensar con un alza de los precios la elevación de jornales conseguida por la acción de los sindicatos. Pero si cree el profesor que la mercancía puede elevarse sin que a nadie se le llame aparte, demostrará haber olvidado lo que es «esencia» de la formación de los precios. Si el alza de estos es *general*, entonces quedarán nulos sus efectos. Pero si un empresario *particular* los eleva, serán sus colegas quienes, en poco tiempo, le hagan entrar en razón por medio de la competencia. Desde luego que también hay grupos de empresas que pueden, por libre albedrío, elevar los precios, pero esto solo cuando adoptan frente al público una posición de fuerza, esto es, que constituyen trusts, cárteles, etc. Solo que en estos la actitud de fuerza es aún mucho mayor frente a los *obreros,* y ello contribuye desgraciadamente a hacer más imposibles los éxitos sindicales allí donde encuentran la única condición de la «teoría endosista» de Sombart. El señor Sombart se olvida, por lo general, cuando habla de los sindicatos, de la existencia de estas coaliciones de empresarios, y se acuerda de ellas solamente cuando las precisa, por ser un complemento favorable a sus amados procedimientos de unión en los conflictos del trabajo...

En el caso de que la elevación de los precios no sea posible, los empresarios deben compensar con la ampliación de la producción el aumento de salario. Pero esto ya acostumbran a hacerlo por sí y siempre que les es posible, sin esperar consejos de nadie. Mas ocurre que tales periodos extensivos de la producción, es decir, de alza industrial, constituyen la más favorable oportunidad para las peticiones de mayor jornal. Tampoco la mayor producción es un remedio que se emplea a placer para compensar el alza de los salarios, sino, por el contrario, es condición previa para que estos aumentos de jornales sean posibles, condición que a su vez se halla ligada a la situación del mercado, es decir, a los propios intereses de realización del capital.

Y sigue Sombart: «Los empresarios han de cubrir estos aumentos de salarios con... mejoras técnicas». ¡Ay, mi querido profesor, como no le crea a usted su «feliz novia»! Las mejoras técnicas hace tiempo que las emplea el capitalista para *dominar* a los obreros que luchan por un mayor jornal, y no para favorecerles. Repase, repase usted siquiera la historia de la lucha del salario de los estibadores de Hamburgo, desde fines del año 1880, y verá que se les combatió con la introducción de las grúas y los consecuentes despidos en masa.

En su preocupación por resolver en provecho de una mayor armonía de intereses los antagonismos de clases de los sindicatos, ha de amoldarse, según el señor Sombart, a la existencia de las *crisis*. Esta «imperfección» de la economía capitalista acostumbra a servir como remedio, y de los peores, contra los sindicatos. Sombart plantea las cosas al revés y recomienda los sindicatos como un remedio contra las crisis. «De primer momento –dice– el fuego de la producción va extinguiéndose. Después, las demandas que hacen los obreros vienen a contribuir, en primer lugar a dificultar la venta, como consecuencia de la elevación del precio de costo y, en determinados momentos, ocasionando la disminución inmediata del volumen de producción.» ¡Pero después nos dice que las demandas obreras conducen a *extender* y *mejorar* técnicamente, es decir, a avivar la producción, pero desde luego no a salvarla del estancamiento «inmediato», sino a aumentar directamente el beneficio en ruinas, es decir, a saltar *sobre* la magnitud anterior de la empresa!

Sin embargo, el medio duradero, el remedio radical contra las crisis, no podrá un profesor alemán –si no quiere pisotear las sagradas tradiciones de la economía política alemana– buscarlo, y mucho menos con el investigador científico, en las relaciones de producción, sino con el comerciante en las relaciones de distribución... «También a la larga *la elevación de la parte correspondiente a la clase obrera en la renta de la producción* –fin que pretenden los sindicatos– *aminora las crisis,* puesto que eleva el bienestar de las masas, *aumenta* la capacidad de consumo, permitiendo, por tanto la *venta* de las capas inferiores y sin embargo decisivas de la población en total, *asegurando con ello el tranquilo curso de la producción económica.*» No hay duda ninguna de que al empresario particular –cuyo punto de vista refleja fielmente la economía vulgar– el «bienestar» de la clase trabajadora, como dice el profesor, le parecerá siempre un remedio contra el estancamiento que pueda presentarse en su almacén por falta de venta. Sin embargo, para los empresarios en conjunto, *para esta clase,* el ingenioso remedio del señor Sombart quedará en que han de aumentar a expensas propias la fuerza de compra de la masa de consumidores, para luego poderles vender más géneros. ¿No sería más fácil ir directamente a los patronos y convencerles de que aseguraran el «curso normal de la producción» regalando periódicamente a los sindicatos el producto excedente que tienen almacenado? Pero creemos que nuestros «reyes del comercio» y «geniales empresarios», por muy geniales que sean, les contestarán al punto: «Señor profesor, usted ha olvidado que la economía política fue inventada para beneficio del obrero y no del capitalista».

Del remedio propuesto por Sombart para las crisis, lo más hermoso está en creer, además, que la ampliación de venta puede, en general, evitar *duraderamente* las crisis. Bien, sabemos que esto constituye una pieza, venerable por la antigua, en el mobiliario de la «ciencia alemana», como vemos en Eugenio Dühring. «Pero –observa melancólicamente Sombart– no hay teoría ninguna, por falsa que sea y controvertida que esté, que no resucite de vez en cuando y consiga trastornar durante cierto tiempo los cerebros poco avezados...» ¡Peor es que haya cabezas trastornadas por teorías que luego han de refutar esas mismas cabezas! Creer que la ampliación de la demanda regular «aminora» las crisis supone, desde luego, que la producción no puede tan fácilmente saltar los límites del mercado, cada vez más extensos; es decir, que los límites de la producción, o, lo que es lo mismo, el capital productivo, tienen una extensión limitada. Con ello nuestro profesor recala felizmente en la misma teoría del capital-salario, la cual sacó de su tumba tan pronto como importó demostrar la propiedad que tienen los salarios a elevarse al infinito, si bien la desenterró con la sana intención de volverla a asesinar.

De esta manera se reflejan los antagonismos capitalistas objetivos como errores subjetivos, y las contradicciones sociales como lógicas insensateces de la teoría vulgar, la cual pretende colocar sobre la base de una armonía general de intereses lo que es fenómeno surgido del antagonismo frente al capital: los sindicatos, a los cuales quiere hacer independientes, como factor de fuerza, de todos los límites «naturales», esto es, capitalistas. Pero es fatalidad del economista vulgar el que cuando se siente más consciente de su poder y por encima de todas las leyes sociales, sea entonces cuando la realidad le haga juguete, en la mayoría de los casos, de ciegas fuerzas sociales.

Ya hemos visto que los sindicatos tienen su actividad limitada por determinadas barreras económicas, las cuales, por lo general, se caracterizan por la necesidad de dar beneficio, propia del capital. Pero también, dentro de estos límites, los sindicatos ajustan sus movimientos en todo a las convulsiones del capital.

Tanto si en tiempos de buenas operaciones los sindicatos consiguen mejoras de salarios (mejoras que, en los momentos de depresión industrial, han de defender), logrando apuntarse éxitos de organización debido a una mayor demanda de fuerza de trabajo o a un alto en la revolución técnica, como si, debido a las crisis, a la proletarización de las clases medias o a los progresos técnicos, estos sindicatos son temporalmente diezmados, divididos o deshechos; tanto en la adversidad como en la fortuna, sus movimientos serán, fatalmente, «simples reflejos de los movimientos de la acumulación del capital» (Marx).

Justamente en ello está, para la clase obrera, la importancia propiamente económica de los sindicatos, puesto que al seguir los movimientos del capital limitan su influencia y sacan el oportuno provecho.

Recordemos siquiera la imagen que nos ofrecían las condiciones de trabajo *antes* del movimiento sindical. Más que por una absoluta miseria se caracterizaban primeramente por la gran inseguridad, es decir, por la gran desigualdad entre los diversos momentos, y después, y dentro de cada uno de esos momentos, por su enorme variación en las diferentes capas del proletariado. En su alza, el capital arrastra tras sí, en progreso ascendente, a la fuerza de trabajo, para luego, en sus caídas, hundirla sin limitación alguna. Hay profesiones aisladas, calificadas, que llevan una vida igual la de las clases medias, y existen capas enteras del proletariado que arrastran la más precaria existencia, para, al fin, ser extinguidas.

Aquí es donde los sindicatos, si miran por los intereses de clase de los obreros, llegan a operar cambios fundamentales. Cuando los sindicatos en periodo de auge *consiguen* el máximo de salarios que el beneficio consiente, preparándose para defenderse en los periodos de descenso; cuando *elevan* el nivel de vida de la masa, atrayendo al propio tiempo a la organización general las profesiones mejor situadas, y cuando crean, finalmente, reglamentos (como la jornada de trabajo, etc.) aplicables tanto a cada profesión en si como a la clase en general, determinan, en los diversos periodos de la producción, una nivelación relativa de las condiciones de vida del proletariado –así como la consiguió entre las diversas capas– y una cierta estabilidad en las condiciones de vida. Por ellos, es decir, gracias a los sindicatos, se da ya como realidad social, como consecución de aquel *nivel de vida acostumbrado* en el obrero, lo que *antes* del comienzo de la lucha sindical era simplemente un término medio ideal entre las tan distintas condiciones de vida de la clase trabajadora; lo que era una simple concepción matemática.

No se trata, pues, como el señor Sombart en su ardor juvenil propone, de elevar lo más posible las exigencias de vida del obrero a costa del capital. Por el contrario; son «costumbres» del capital, mejor aún, su costumbre más preciada, el producir un «acostumbrado» beneficio, fijado en toda ocasión y lugar por la productividad del trabajo, la cual muestra, según el momento, los límites que las costumbres del proletariado pueden alcanzar valiéndose de la acción sindical.

Por tanto, para los sindicatos, como para todo factor de fuerza social, la verdadera y única intervención, posible históricamente, de la conciencia y de la fuerza en el proceso social, no consiste en saltar sobre sus leyes, sino en conocerlas y acertar con sus ventajas.

Sombart ve precisamente en esto un envilecimiento inaudito de los sindicatos. El se halla, por su parte, en situación de ofrecerles las más halagüeñas perspectivas. Pero así como para los príncipes los cortesanos de mayor insinuación son los mejores consejeros, así los más espléndidos aduladores son los mejores amigos del movimiento sindical. Y cuando Sombart pone a los sindicatos por encima de toda limitación social y les muestra el horizonte capitalista como un futuro magnífico, no neguemos buena fe. ¡Lástima que todo esto no pueda reforzarlo con otros argumentos que las viejas y ya derrotadas torpezas de la economía vulgar!

Además, también cabe a Sombart el honor de un *nuevo* descubrimiento económico político, que casi todos sus «señores colegas» conocían ya en la práctica, pero no en su validez científica y general: que el noviazgo es también un factor determinante del crédito.

III

Si Sombart nos demuestra la omnipotencia económica del movimiento sindical, pone asimismo como condición de este infinito poder la emancipación de los sindicatos de la «tutela» de la socialdemocracia.

Cierto que nuestro partido dio vida a los sindicatos, los atendió, apoyó y defendió siempre. Pero Sombart sabe que, a pesar de todo, la socialdemocracia no puede dedicar a los sindicatos la totalidad de sus afectos, y que hasta «ha detenido» directamente su desarrollo. Pues «un partido político cuya misión es hacer todos los preparativos para que en el gran momento del derrumbe del mundo burgués las doncellas socialdemócratas tengan aceite en sus lámparas; un partido total, solo podrá ver, en el mejor de los casos y en cada organización sindical, una especie de escuela militar donde los batallones obreros se adiestren para la inminente batalla. Y esto en el caso más favorable, puesto que muy frecuentemente se ve obligada a considerar el movimiento sindical como enemigo de su causa». Semejante partido no puede tener «la interior tranquilidad» que se precisa para dirigir los sindicatos. Y si Marx, ya en la Internacional, fomentó el movimiento sindical de manera sistemática, es algo que no acierta Sombart a explicarlo con aquellos motivos que verdaderamente tuvo Marx –por el beneficio que reportaban a la clase trabajadora–, sino por otros muy diferentes. Según Sombart, Marx *no podía,* desde luego, «mantener una enemistad basada en principios contra el movimiento sindical, como Lassalle y sus partidarios hicieron». Pues, en primer lugar, Marx y su periódico, *Sendboten [El Mensajero],* de Londres, se hallaban demasiado cerca de las *tradeunions* para pasar por alto todos los esfuerzos de organización hechos por los obreros (al igual que hizo Lassalle, ignorante de ellos). Pero, en segundo lugar, y ante todo, «Marx y sus partidarios sabían también que en el movimiento internacional comunista del proletariado de todos los países, sollado por ellos, *no podía pasarse* sin los sindicatos ingleses, a menos de caer en el ridículo; *por ello,* al fundarse la I. W. A., se tomaron los acuerdos oportunos en cuanto a los intereses sindicales». Dicho en otras palabras: tanto Marx como sus amigos hubieran dado de buena gana un puntapié a todo el movimiento sindical; pero, desgraciadamente, esto no lo consentía la fuerza de los tradeunionistas ingleses, puesto que eran precisos en la gran *ménagérie* de la Internacional, donde cada especie proletaria debía estar representada en el conjunto total. Y así se vieron obligados, para huir de las burlas, a morder con gesto aspaventero la manzana tradeunionista.

Esto da mucha luz al asunto. Desgraciadamente el «método histórico» resulta cogido in fraganti por la historia.

En el año 1847, es decir, en un tiempo en que la Internacional no existía ni en sueños, y menos, por tanto, las consideraciones a su mejor conjunto; en un tiempo en el que Marx no se había establecido aún en Londres y no podía estar ni cerca ni lejos de las *tradeunions;* en un tiempo en que a estas les bastaba con luchar por su propia existencia y se hallaban a retaguardia del movimiento *político,* del «cartismo», Marx escribía en su *Miseria de la filosofía:*

> *Bajo la forma de coaliciones se verifican siempre* los primeros ensayos de los trabajadores para asociarse entre sí. La gran industria aglomera en un solo punto una multitud de gente, desconocidos unos de otros. La competencia los separa en sus intereses. Pero el sostenimiento del salario, este interés común que tienen contra su patrono, los reúne en un mismo movimiento de resistencia: *coalición [...]* Si el primer objeto de resistencia ha sido solo el sostenimiento de los salarios, a medida que los capitalistas, a su vez, se reúnen en un pensamiento de represión, las coaliciones, aisladas al principio, se forman en grupos, y enfrente del capital, siempre reunido, el *sostenimiento de la asociación* viene a ser para ellos más importante que el del salario. (*Miseria de la filosofía,* trad. cast., p. 142.)

Y aun mejor. No solo justifica Marx el movimiento sindical por la *necesidad* económica, explicando sus funciones; ataca también, y con gran acritud, la postura negativa que frente a los sindicatos observaban los «socialistas» de entonces, esto es, los fourietistas y owenistas. Como enemigos de los sindicatos, los iguala, en un todo, a los economistas políticos burgueses. Y decía:

> Los economistas quieren que los obreros sigan en la sociedad tal como esta se halla formada y tal como ellos la han consignado y sellado en sus manuales. *Los socialistas quieren que dejen como está la sociedad antigua, para poder entrar mejor en la sociedad nueva que ellos les han preparado con guía del mercado universal.* (*Ibid.,* p. 141.)

Y termina:

> A pesar de unos y de otros, a pesar de los manuales y las utopías, las coaliciones no han cesado un instante de marchar

y crecer con el desarrollo y el crecimiento de la industria moderna: *Y esto ha llegado ahora a tal punto que el grado que ha alcanzado la condición en el país señala claramente el grado que ocupa en la jerarquía del mercado universal.* (*Ibid.*, p. 141.)

Esto quiere decir que ya en el año 1847 Marx ridiculizaba y se burlaba de owenistas y fourieristas, que mantenían la misma opinión que el Sr. Sombart quiere colgar hoy a Marx y a los marxistas. El método «justo», «histórico» y «realista» se muestra esta vez como método que falsea primeramente la historia para luego condenarla, tomando por base las propias falsificaciones.

Pero la historia verdadera logra todavía más. Presenta *razones lógicas* contra esta historia «corregida».

La socialdemocracia, según declara el señor Sombart, no ha sido siempre enemiga, en el fondo de su alma, de este movimiento sindical, sino que lo es por no quedarle más remedio. De manera que la prosperidad de los sindicatos ha de medirse directamente por el grado de independencia que mantengan estos frente a la contraproducente «tutela» de la socialdemocracia.

La cuestión de la llamada neutralidad de los sindicatos se ha discutido en nuestras propias filas hace ya bastante tiempo. A los defensores de la neutralidad les sirvió como justificación única la consideración *táctica,* es decir, el deseo de unir en una lucha sindical uniforme a obreros que pertenecen a distintos partidos políticos. Esta «política unitaria» sindical es algo completamente análogo a la política de unión que se recomendó desde varios sectores de la *socialdemocracia* en estos últimos años. Así como aquí, disimulando el objetivo final, pudiera el partido aumentar sus prosélitos y obtener mayores éxitos políticos, allí la fuerza de propaganda y la potencia económica de los sindicatos pudieran elevarse con solo desprenderse de su carácter socialista.

Ciertamente, los sindicatos alemanes no manifiestan públicamente su carácter socialista y no lo imponen a sus afiliados como deber; pero toda su labor del presente se desenvuelve en esta dirección.

La socialdemocracia representa también, frente a *grupos* aislados del proletariado en lucha, los intereses de la clase en general, y frente a parciales *intereses del momento,* los generales del movimiento en su conjunto. Se manifiesta lo primero tanto en la lucha *política* de la socialdemocracia por medidas legales que alcancen a todo el proletariado dentro de cada país y que eleven sus condiciones de vida, como en el carácter *interna*cional de su política; y lo segundo, en la armonía entre los esfuerzos de la socialdemocracia y el curso del desenvolvimiento social, tomando como pauta y objetivo final el socialismo.

De antemano –y esto les hace diferenciarse del partido político del proletariado– los sindicatos defienden solo intereses obreros inmediatos, actuales. Pero en su desarrollo se ven obligados, por estos mismos intereses, a dar una *validez general* a sus conquistas, dentro de cada país, por medio de disposiciones *legales,* y a crear, al propio tiempo, una ligazón *internacional* de sus fuerzas. Y, en segundo lugar, en su política en total –como posición respecto a las huelgas, cuestión del salario mínimo, tarifas de salarios y validez general de estas, jornada máxima, socorro a los sin trabajo, trabajo de la mujer y del peonaje en general, inmigración de obreros extranjeros, intervención en la técnica de la producción, lucha contra el trabajo abusivo, política presupuestaria y aduanera, etc.–, han de apoyarse cada vez más sobre una cohesión social de carácter general, sin perder de vista *el desarrollo social.*

Así pues, obligados por fuerzas elementales e irresistibles, guiados por los propios intereses, los sindicatos enfilan el propio camino que la socialdemocracia recorre constantemente.

No es, por tanto, los múltiples lazos personales que puedan unirlos ni la «tutela» que la socialdemocracia ejerce sobre los sindicatos, lo que hace que estos y el partido se hallen en Alemania en tan íntima conexión, sino porque los sindicatos han colocado desde un principio su política y su lucha sobre la base justa de la evolución social; porque aquí, por feliz disposición de la historia, que tan malparado deja al método «histórico» del señor Sombart, la lucha por intereses momentáneos y de grupos fue *presidida* por la visión general de los intereses permanentes y generales de la dase trabajadora.

Y si la política conjunta de la socialdemocracia hubiera de conducir al abandono del objetivo final, de igual forma la política total de los sindicatos llevaría a olvidar el actual carácter progresivo del movimiento sindical alemán. Tan pronto como desapareciera el nexo de la visión socialista que une las futuras perspectivas del desenvolvimiento social, los intereses aislados de grupos y profesiones, los míseros intereses nacionales pasarían a primer plano, como, por ejemplo, ocurre en Inglaterra, no existiendo ningún otro país en donde el exclusivismo nacional para el exterior y la división en el interior se manifiesten tanto como en ese paraíso de la neutralidad, en el movimiento tradeunionista inglés.

Previo un análisis más detenido, la *política de conjunto sindical* conviértese en *política de grupo,* y la «idea de neutralidad» no resiste la menor crítica seria cuando se recomienda solo por consideraciones *tácticas.*

Pero también en el señor Sombart el punto de vista de la política de conjunto juega solo un papel muy secundario. La necesidad de «emancipar» los sindicatos de la socialdemocracia no nace, según él, de razones tácticas, sino de *antagonismos inmanentes* en su esencia misma.

¿En qué consisten, pues, estos antagonismos? En que, según el señor Sombart, la socialdemocracia consideró siempre a los sindicatos como un medio para el fin, siendo así que no podrán prosperar sino como «fin independiente». Pero si, como hasta ahora ocurrió, los sindicatos han de desenvolverse en Alemania sobre una base común al desarrollo social en general, considerando *en sus últimos resultados* por la socialdemocracia como objetivo final pudiera ocurrir, supongamos, que la interpretación del señor Sombart corresponda a la verdad, y que entre «medio» y «fin», entre sindicatos y socialdemocracia, no exista antagonismo ninguno, sino que, por el contrario, aun cuando para ella el mejoramiento de la clase obrera no fuera simpático en sí, sino como un simple medio para acelerar la transformación social, veríase obligada igualmente a laborar con todas sus fuerzas por el desarrollo de los sindicatos. Y en ese caso hubiera de disponer para ello de la «tranquilidad interior» necesaria, como la ha tenido y tiene desde hace treinta años para intervenir en las luchas del Parlamento burgués y en la creación de una legislación del trabajo. Entre la socialdemocracia como es y los sindicatos como son no pueden existir en ningún momento antagonismo posible, sino más bien la relación más estrecha.

El antagonismo solo sería posible en *un caso:* si los sindicatos alemanes funcionaran algún día sobre una base distinta a la actual, si llegaran a colocarse sobre el plano de la armonía de intereses dentro de la sociedad presente –como se dio en las antiguas *tradeunions* inglesas– y creyeran posible que la sociedad de hoy puede llegar a ofrecer a los intereses obreros suficientes garantías. En una palabra: si alguna vez adoptaran el método «justo», «histórico» y «realista» del señor Sombart tal como lo conocemos, *entonces,* entonces sí que entre la socialdemocracia y *estos sindicatos* existiría un antagonismo invencible. Pues creer en la armonía de intereses dentro de la sociedad capitalista, en la posibilidad de un crecimiento infinito en la parte que las rentas nacionales se destina al proletariado, son ilusiones propias de la economía vulgar, ilusiones que la socialdemocracia siempre estará dispuesta a destruir sin compasión. La convivencia de *tales* sindicatos con la socialdemocracia equivaldría a esta disyuntiva: o que los obreros habían desechado del todo esas vaguedades de armonía y bienaventuranza expresadas en el método «realista», o que, queriendo seguir fieles a las ilusiones de ese método, *volvieron la espalda a la socialdemocracia.*

Pero bien se guarda el señor Sombart, en el curso de su libro, de malquistar directamente a los sindicatos con la socialdemocracia. Y así, llega a escribir y recalcar que el ideal del perfecto sindicado consiste en «ser también, en forma secundaria, un socialista convencido, un honrado socialdemócrata», afirmando, con igual insistencia, que la socialdemocracia es, hoy por hoy y en el porvenir, el único partido obrero posible en Alemania.

Desde luego. La sabiduría del profesor monta tanto como la profundidad de su visión. «A vista de pájaro» ha hecho muchos descubrimientos, llegando a resultados propios. Sabe «que el prestigio de aquel partido (de la socialdemocracia) es tan grande en los medios obreros, que, a menos de ocurrir milagros, pasarán largos decenios antes de que se le pueda combatir desde algún otro lado». Confía en que «es una vaga utopía el creer que fortaleciendo a las organizaciones obreras puede eliminarse a la socialdemocracia», y que «toda política que se encamine a este fin está de antemano condenada al fracaso». Dice, en una palabra —para traducir en buen alemán [o castellano] su galimatías doctoral—, que si un profesor universitario llegara a plantarse ante los obreros y les animara, en la torpe forma de un Wenckstern, a ir en contra de la socialdemocracia, «su esfuerzo y el de la clase trabajadora» tendrían un fin poco deseable. Y sin mente pretende «civilizar a la socialdemocracia»; es «además» buenos socialdemócratas. Sombart solamente pretenden «civilizar a la socialdemocracia»; es decir —y desenredemos sus afirmaciones concretas de entre el lío de cumplimientos con que colma a la socialdemocracia—, transformarla en un socialismo que consistiera en convencerse de que el orden socialista no entraña más novedad que la que supone la «municipalización de una línea de tranvías»; de que «tanto intensiva como extensivamente, el sistema económico capitalista *cuenta ante sí con un porvenir de siglos*»; de que «el centro de gravedad de la vida económica estará, *en lo que se alcanza a ver, en las empresas capitalistas*»; de que «capitalismo y socialismo no se excluyen entre sí, puesto que *sus ideales muy bien pueden realizarse, hasta un grado determinado, en una misma sociedad,* y de que, finalmente, será siempre conveniente «ver» si los trabajadores podrían defender mejor sus intereses con un nuevo partido político, que bajo la influencia de los ya existentes». Es decir; que será cuestión de conveniencia el saber a quién se le ha de traspasar la realización del socialismo antes citado: si a la socialdemocracia o al liberalismo; a los liberales nacionalistas, al centro o a los conservadores.

Nuestro voto está por los liberales nacionalistas...

Y aquí se descubre todo el secreto del método «justo», «histórico» y «realista». ¿Luchar directamente contra la socialdemocracia, combatir sus teorías? ¡Bah! Cosa tan anticuada como «ahistórica» y poco realista. ¡No! Colocarse justamente sobre la base del movimiento obrero; aceptar los sindicatos y la socialdemocracia; la lucha de clases y el objetivo final… Todo. Pero a los sindicatos darles, *en su propio interés,* una base que les haga caer en contradicción con la socialdemocracia, y por su *propio interés* civilizar a esta, convirtiéndola en un partido socialnacionalista; transformar, en uno, socialismo y capitalismo, y ello *en interés de la realización de este.* En una palabra: acabar con la lucha de clases en beneficio de la propia lucha de clases. ¡Ahí está el mérito!

«Y solo quien llegue a profundizar en medida suficiente –dice el profesor Sombart– habrá comprendido de qué se trata, *en último extremo,* en la llamada cuestión obrera...»

IV

La «ciencia alemana» funcionó siempre, en cuanto a la economía política, como complemento de la policía. Mientras esta volteaba sus porras, aquella entraba en liza disponiendo del arsenal de la inteligencia.

Y así fue. Primero, estultificando la opinión pública, creando una ciencia cuyas garrulerías y estupideces llenan ingentes volúmenes que predican la armonía de intereses y cierran contra la equivocación de la lucha de clases. Luego, una vez que Marx redujo estas teorías a la nada, «refutando», más con «calumnias» que con razones, las doctrinas de Marx y de sus discípulos. Después, elaborando un brebaje socialista burgués: el socialismo de cátedra. Y, finalmente, una vez que este bálsamo se limitó para uso de sus propios inventores, y la teoría marxista se convirtió, en cambio, en la temible fuerza de la socialdemocracia, apoyando directamente a la policía, defendiendo la ley de los socialistas.

Pero una vez caída esta, y cuando la socialdemocracia se desprendió, con *un* movimiento de hombros, tanto de la policía como de la «ciencia alemana», de Puttkamer y de Schäffle y Schmoller, se recluyó esta «ciencia» en sus celdas de estudio o en sus cátedras, y se contentó con enseñar a la juventud burguesa, a cambio de un sueldo fijo, la manera de servir fielmente al aparato estatal prusiano-alemán.

Y durante un decenio el movimiento obrero no volvió a saber nada de la «ciencia alemana».

Ya la clase burguesa había renunciado a la esperanza de acabar con la socialdemocracia. Había perdido la fe en sus dos fieles lacayos: en la policía y, sobre todo, en la inventiva de sus catedráticos.

Ahora bien: al fin del año 1890 se presentó el momento de un resurgir económico y, en consecuencia, la era de la policía mundial. Se abrieron nuevos horizontes ante la burguesía. Un periodo de varios años de prosperidad, nuevas lluvias de oro en forma de beneficios procedentes de los armamentos que requería la política exterior y sus conquistas parejas, batieron con llamadas animosas el postrado corazón de la burguesía mundial.

Mas para una política exterior, para una política «nacional», se precisaba de la cooperación de las masas populares. Además, creían poseer un cebo con la promesa de una prosperidad económica. Y así, salieron con ánimo resuelto a conquistar nuevamente al pueblo trabajador. De nuevo resonó la voz de mando: «¡Técnicos, a la obra!». Las secas momias doctorales, recluidas en sus gabinetes de lectura, salen de nuevo a la luz, una tras otra, y se aprestan a concurrir a las reuniones públicas y a entonar obedientes, ante el Sansón proletario, el canto de seducción de Dalila, puesta al servicio de la política exterior burguesa.

Pero el que con más finas puntetas y mohines más seductores danza, es el catedrático señor Werner Sombart, juvenil, esperanzado, moderno en todas sus cosas. Se sabe en posesión del método «justo», «histórico» y realista» con el cual ha de obrar maravillas ante el proletariado simplón, y dueño de un talismán que le convierte en el mejor catedrático puesto al servicio de la «política mundial»: «la virtud de transformarse». A fuerza de practicarla, el profesor Sombart ha llegado a dominar esta cualidad. En tiempos fue un fiel discípulo de Marx, y hasta el viejo Engels, tan maltratado, sin embargo, por el profesor alemán, llegó a dedicarle unas palabras de ánimo... «Desde luego –concluye Sombart en su necrología de Engels–, era un hombre honrado.»

Eran épocas en que el profesor Sombart abandonaba a los «políticos ambiciosos» la refutación de las teorías de Marx. Pero los calores de la «política mundial» agostaban, junto con otros delicados capullos, el desenfado del profesor de Breslau. Franz Mehring, que en ningún momento perdía de vista a su profesor, se vio obligado a cantarle las verdades desde un principio, y el tiempo se encargó de darle la razón más de una vez. El señor Sombart, con otros de sus colegas, nadó a favor de la corriente de los ambiciosos «políticos», terminando por donde otros profesores habían empezado: por combatir al marxismo.

La conversión fue tan radical como rápida. En tiempos, para espanto de sus colegas liberales, había demostrado que Alemania no se convertía en nación exportadora, dejando de ser importadora, sino justamente lo contrario, con lo cual ofrecía, además, a los proteccionistas, la argumentación deseada. Ahora combate en las filas de aquellos colegas que propugnan por una gran flota alemana, que justifican diciendo ser necesaria «para proteger la exportación alemana»[19].

Si ante el «movimiento social» habían, en ocasiones, hecho protestas de la más cálida simpatía, puesto que combatía contra

---

[19] Cuando, en el año 1900, se elevaron voces de protesta entre la clase obrera alemana contra el proyecto de escuadra presentado por el gobierno, aparecieron en las asambleas populares de Berlín una serie de profesores que trataban de convencer a las masas en favor del proyecto Entre ellos, figuraba el «socialista de cátedra» Wagner; el profeta de la «paz social», Schmoller; el colonista Levy; el profesor Wenckstern, colaborador de la *Gaceta de la Cruz,* y el «amigo de los obreros», el profesor Werner Sombart.

la reacción y la explotación, a hora defiende, del brazo de los señores Wenckstern y Levy, la reacción política que se adueña de todo el mundo y la explotación universal de los obreros.

Si antes quiso defender los intereses culturales europeos contra la barbarie asiática, ahora defiende la cerrilidad del chauvinismo universal contra la cultura asiática y europea.

Si antes salió a la defensa de las doctrinas marxistas en contra de su vieja enemiga, la «ciencia alemana» oficial, ahora se presenta contra el marxismo en nombre de esa misma «ciencia alemana».

En su «Socialismo y movimiento social» explica el señor Sombart la entrada de Lassalle en el movimiento obrero, porque su ambición «titánica», «demoníaca», debía encontrar su camino «en el campo de la política», allí a donde todos los hombres ambiciosos que no pueden ser artistas o mariscales, han de ir necesariamente en nuestra época.

En cuanto al señor Sombart, es nuestra opinión que no le hubiera sido imposible llegar a ser un buen artista –«alambrista», por ejemplo–, o, a juzgar por su entusiasmo navalista, un almirante famoso. Pero su ambición fue seguramente aún más titánica y demoníaca que la de Lassalle. Ha llevado su entusiasmo funambulesco y naval «al campo de la política».

Se presenta en escena consciente y confiado, tocado de todas las armas y finezas del siglo. Tiene las armonías sociales de un Schultze-Gävernitz y de otros Schultzes más o menos vulgares; el método histórico de un Roscher; la cerrazón mental de un Webb; los grandes gestos de un Lasalle; la pedantería de un Julian Schmidt. Posee un saco de citas sacadas de todos los idiomas, época y autores; un estilo urdido con arcaísmos del tiempo de la nanita y grandilocuencias doctorales, con todas las groserías de un Ulrich von Hutten y las ramplonerías sentenciosas sacadas de su propio magín. Y como medio psicológico seguro, emplea, finalmente, la adulación y el insulto.

Lassalle, ese Lassalle cuyos grandes gestos pretende imitar el pigmeo catedrático con sus manitas enanas, es para él un descomunal ambicioso, que se arrimó a la clase obrera por haberle rechazado los partidos burgueses.

Liebknecht... ¡Bah, siempre será «fuego de virutas»!

A Bebel, el Bebel de las sesiones de Hannover, el que mantuvo a ultranza la fórmula de «siempre la expropiación», le presenta en sus conferencias de Breslau, sin que sepamos por qué, como el «infante de la política, que cree a ciegas en el fin inmediato del mundo burgués»; que «escapa a cada momento para mirar por todas las cerraduras y ver si el nuevo imperio de Jauja, bañado de leche y miel, está ya pidiendo entrar». Para él, es el prototipo de una generación social de fantásticos, ya en decadencia, en cuyas testas arde la fe en una próxima ordenación económica *sin* empresarios capitalistas. Son hombres que se complacen en profetizar, a fecha fija, el «fin del mundo».

Y también sobre Bebel –luego que en su discurso sobre política y sindicatos cree Sombart encontrar apoyo para el «método realista»– derrama así, al final del folleto en que el profesor reúne e imprime sus conferencias el rayo de la alabanza.

Bebel pertenece a los «*grandes líderes* que no deben el prestigio solamente a la profundidad de su lógica, sino más bien a la sensibilidad, que poseen en alto grado, la cual les permite apreciar hasta los más finos latidos del alma popular»; que «mudan sus opiniones» al compás de las «ambiciones de la masa» (hasta la lucha de clases ha de imaginársela el distinguido catedrático como una «ambición de masas»), y en cuya popularidad es donde mejor se aprecia su «poder de transformación». Bebel, «con su fino instinto, siente en todo momento... los deseos y pensamientos de la masa». Es «la diagonal entre las diversas corrientes y direcciones de la socialdemocracia», etc. Y después de haber presentado a Bebel como una veleta política, se deshace en un cúmulo de adulaciones: «mística veneración», «confianza ilimitada» de la masa; «corazón ardiente del más puro venero», «nobleza». Termina comparándole a Engels –en su «virtud de transformarse», y al viejo Bismarck, en su virtud– ¡de saber plasmar las esperanzas y ambiciones de la masa! Pero el señor Sombart olvida que al hacer tal derroche de adulación corre el peligro de encontrar en Bebel una regular acogida, pues que de este es la frase de que «cuando mis contrarios me alaban, he de preguntarme, al momento, qué tontería acabo de hacer».

Luego de los líderes, hace intervenir a gentes menos importantes, para alabarlas o zaherirlas, según le venga en gana. Primero son los «hombres como Von Elm, Legien, Segitz, Millarg, Timm, Döblin, Poersch, y otros: «esa nueva generación de oficiales de nuestros sindicatos», a los que se agregan el enjambre correspondiente de subalternos ambiciosos e «idóneos»' (¡oh, la ambición sobre todo; la ambición, señor profesor!). «Estos hombres» constituyen un «nuevo tipo» de *profesionales del sindicato,* en quienes las «cualidades– y conocimientos profesionales» llegan a su «perfecta madurez», y en los que un «nuevo espíritu» se agita, un «alma propia»; «hombres virtuosos» que «traen una nueva fe», etcétera, etcétera.

Pero de muy distinta madera que .estos «oficiales», que el señor Sombart se complace en idealizar, son nuestros agitadores *políticos.* Nada quiere saber de ellos el señor Sombart; «de esos *charlatanes hueros y superficiales»,* que ahora marcan el tono del partido en la prensa, en los mítines y sindicatos; *tipos corrompidos* que no *sirven nada más* que para recitar, *como papagayos,* un par de frases banales aprendidas de memorias y sacadas de la literatura del partido, o que .frente a la multitud berrean como *bestias heridas. Gente incapaz* de todo trabajo fuera del de agitación en el seno del partido; caricaturas de agitadores políticos, de las cuales el señor Sombart quiere librar a la clase obrera alemana.

En el «Socialismo y movimiento social», se queja el catedrático amargamente de que se hayan perdido las buenas costumbres y finas maneras en nuestra lucha de clases. Y dice: «¿Para qué meternos en más honduras? Basta con que nos fijemos en el tono en que suelen expresar sus opiniones. ¡Cómo repugna e irrita por su crudeza! ¿Y qué razón hay para ello?».

Son palabras estas que, al leerlas, encuentran eco en el fondo de nuestra alma. Pues tiempo hacia que nos molestaba la crudeza de expresión que a veces se observaba en nuestras filas, y por ellos nos alegramos que, al fin, alguien nos haya llamado la atención. El señor Sombart nos enseña la manera más suave de refutar a un adversario... Por eso, para no caer en grosería, nos acomodaremos al tono que emplea este señor.

Conque, señor Sombart, ¿usted quiere librar a la clase obrera de esas «caricaturas de agitadores políticos»? Muy bien. ¿Y a quién se refiere usted? ¿Son los «tipos corrompidos» esos innumerables agitadores socialdemócratas que, bajo la ley de los socialistas, pasaron años y años en la cárcel? ¡Usted sí que lo es, economista gallofo, que se ha pasado la vida sentando cátedra en los salones pulidos y académicos de la burguesía!

¿O son, quizá, nuestros modestos redactores de la hojas socialistas de provincias, o los propagandistas que se han elevado sobre su dura existencia proletaria, luchando a brazo partido por conquistar una cultura que les permita ser los apóstoles de la gran teoría redentora? ¿Son estos los «charlatanes hueros y superficiales»?... ¡Usted sí que es un charlatán sin meollo, infectado de joven, con todas las perogrulladas y vulgaridades de la economía política alemana, para luego convertirse en profesor universitario, a mayor servicio de Dios y de la política mundial imperialista!

¿Lo son, acaso, los innumerables y anónimos agitadores que en todo momento comprometen su existencia y la de sus familias; gente infatigable para el trabajo, que concurren un día y otro a las reuniones y sociedades, para repetir el eterno y siempre nuevo evangelio socialista? ¿Son estos las «caricaturas de agitadores políticos», que no sirven más que para recitar, como papagayos, un par de frases aprendidas de memoria, o para «berrear como bestias heridas»?... ¡Usted, sí, usted, caricatura risible de un Lassalle; usted, que a modo de papagayo recita la vieja letanía de Brentano y resucita el manido «cuento» del daño que la socialdemocracia causa a la masa, y no berrea ante ella, pero se vale de su sencillez y fe para adular y calumniar!

Después de haber insultado y adulado a la clase trabajadora en la persona de todos sus líderes grandes y pequeños, se despide el señor Sombart de su auditorio, luego de repetirle que no hay por qué desanimar, pues también la «ciencia alemana» forma tras del proletariado y sus anhelos.

Una vez que esta «ciencia alemana» prodigó sus bilis sobre Marx y Engels, apoyó la ley de los socialistas y combatió a la socialdemocracia, quiso también engañar a los obreros alemanes, pintándoles las ventajas del marinismo y la política imperialista, obteniendo por ello recompensas oficiales, condecoraciones, para después, con estúpida demagogia, pretender separar al proletariado de la socialdemocracia. Esta «ciencia alemana» –sépalo, señor profesor; usted que quiere «civilizar» a la socialdemocracia–; esta «ciencia alemana» no forma tras de la clase obrera. Forma, sí, tras de los *batallones de fusileros marinos* que en este momento desembarcan en China para llevar a cabo la misión civilizadora de los hunos.

Pero aun en el caso de que esté «a retaguardia» de la clase obrera alemana, lo estará porque a la condecorada, servicial, finchada y frívola «ciencia alemana», hoy como siempre y con el merecido desprecio, el proletariado le habrá vuelto la espalda.

Índice

Introducción de la autora 5

Primera parte 7
    I. El método oportunista.. 9
    II. Adaptación del capitalismo..................................... 15
    III. Implantación del socialismo por medio de las reformas sociales.. 27
    IV. Militarismo y política aduanera 35
    V. Carácter general y consecuencias prácticas del revisionismo... 43

Segunda parte 53
    I. El desarrollo económico y el socialismo................... 55
    II. Sindicatos, cooperativas y democracia política 65
    III. La conquista del poder político 77
    IV. El derrumbamiento 89
    V. El oportunismo en la teoría y en la práctica............. 95

Militarismo y milicia 103
    I. 105
    II. 110
    III. 116
    IV. 117

La «ciencia alemana» a retaguardia de los obreros............... 125
    I. 127
    II. 128
    III. 139
    IV. 147